COCINA
EN 2H
PARA TODA LA SEMANA
TOMO 2

CAROLINE PESSIN

FOTOGRAFÍAS
CHARLY DESLANDES

COCINA
EN 2H
PARA TODA
LA SEMANA
TOMO 2

40 RECETAS
CERO COMPLICACIONES
Y PRODUCTOS DE TEMPORADA

🜨 Planeta

Prólogo

Si, como yo, eres adepto de lo casero y rehúyes lo industrial, pero tus jornadas laborales son tan ajetreadas que por la noche ya no tienes energía ni tiempo para cocinar…

Si, como yo, intentas preparar comidas sanas y equilibradas para tu familia, pero que gusten tanto a los adultos como a los niños…

Si, como yo, crees que pedir comida a domicilio es un derroche que perjudica el presupuesto alimentario…

Si te obsesiona la pregunta «¿Qué vamos a comer hoy?», repetida a diario por tu familia…

Entonces te encantará descubrir este método, llamado a veces *batch cooking* o *meal prep,* que consiste en preparar con antelación todos los platos para las cenas o las comidas de entre semana.

Desde que descubrí este método, ahorro, mi dieta es más equilibrada, disfruto comiendo y me he liberado del estrés de cocinar a diario.

Durante el fin de semana, dedico unas dos horas a pelar y cortar verduras, marinar y cocinar varios platos… y, entre semana, por la noche, solo tengo que recalentar, mezclar o cocer algo rápido. En un cuarto de hora, como máximo, la cena o la comida del día siguiente está lista.

¡Y a los amigos también les ha gustado! Si pruebas este método, ¡acabarás adoptándolo!

Introducción

¡Qué felicidad volver del trabajo y no tener que preocuparse por la cena o por la comida del día siguiente! ¡Qué liberador pasar tan poco tiempo en la cocina, sin tener que lavar tantas ollas, pero disfrutando de una comida rica y equilibrada!

Y es que todo el mundo ha sufrido el estrés de tener que cocinar. «¿Qué puedo preparar?» «¿Tengo todos los ingredientes necesarios?» «¿Cómo voy a cocinar y, a la vez, ocuparme de los niños, las tareas , los baños…?»

Por eso tan a menudo acabamos sucumbiendo a lo fácil: preparar pasta con mantequilla, calentar algún plato precocinado industrial, pedir una pizza o *sushi…* ¡Algo no necesariamente sano ni barato!

Sin embargo, organizándose de manera distinta es posible aligerar la carga mental que supone preparar las comidas.

El principio es muy sencillo: basta con dedicar dos horas del fin de semana a cocinar la comida principal para cada día de la semana.

He elaborado dieciséis menús variados y equilibrados, clasificados por estación. Los menús están pensados para una familia de cuatro personas, en cantidades lo bastante generosas como para alimentar a dos adultos y dos adolescentes. Si tienes hijos menores o solo son tres en casa, tendrás de sobra para comer a mediodía en el trabajo o para la cena.

Cada menú consta de siete recetas: cinco platos principales y dos entradas para acompañar los platos principales más ligeros. Decidí no proponer recetas de postres porque la mayoría de nosotros simplemente tomamos una pieza de fruta, una gelatina o un yogurt, reservando los placeres dulces para el fin de semana.

Con este método, de lunes a viernes ya no tendrás que preocuparte por el menú ni hacer compras en el último momento; además, no pasarás ni un cuarto de hora en la cocina, ¡prometido!

Solo tienes que seguir estos pasos

1. Elige un menú de temporada que se te antoje.

2. Haz las compras durante el fin de semana, como de costumbre (el viernes por la tarde, el sábado o el domingo). Los ingredientes de los menús son muy comunes y se encuentran sin dificultad en cualquier gran superficie. Para algunos menús, quizá sea necesario comprar algo en el mercado o en una tienda de congelados.

3. Elige un día, sábado o domingo, en que tengas dos horas libres. Es preferible cocinar el domingo, así toda la comida está un día más fresca y te ahorras congelar algunos platos.

4. Coloca los ingredientes necesarios en la barra o la mesa de la cocina. Con este truco ganarás tiempo, ya que no tendrás que interrumpir la sesión de cocina para buscar los ingredientes en el refrigerador o la alacena.

5. Saca los utensilios que vas a necesitar. Así lo tendrás todo al alcance de la mano.

6. Déjate guiar por los pasos de la sesión de cocina, que se han diseñado según el tiempo real de preparación.

7. Conserva los platos y los ingredientes preparados siguiendo las indicaciones que figuran al final de la sesión. En general, los platos del lunes al miércoles deben conservarse en el refrigerador, y los del jueves y el viernes en el congelador (excepto algunos menús, en los que no hace falta congelar nada).

Resultado: Entre semana, antes de servir la comida, solo tendrás que seguir las indicaciones para mezclar, recalentar o cocer algo en el último momento. En total, pasarás menos de un cuarto de hora en la cocina. Algunas veces, simplemente deberás calentar un plato. Otras, tendrás que cocer algo en el último momento, preparar algo rápido o mezclar algunos ingredientes.

¿Cuáles son las ventajas de este método?

En primer lugar, la incuestionable serenidad que experimentarás las tardes entre semana. Olvídate de los quebraderos de cabeza para decidir qué preparar y de las compras a última hora.

En segundo lugar, un verdadero ahorro de tiempo, dado que no solo dedicarás menos tiempo a cocinar, sino también a lavar ollas o a ordenar la cocina. Podrás saborear ese tiempo que te sobre con tus hijos o descansando.

Comidas variadas y equilibradas, con el buen sabor de lo casero, sin aditivos industriales.

Y, por último, un ahorro considerable en el presupuesto alimentario. Menos comida a domicilio y menos derroche, puesto que los menús se han elaborado de tal manera que todos los ingredientes que compres se utilicen a lo largo de la semana. ¡Cocina *zero waste*!

¿Cuáles son los inconvenientes de este método?

Pasar dos horas cocinando cansa. Puede que te dé la impresión de haber perdido una parte del fin de semana, que ya de por sí se hace corto. Pero ya verás que vale la pena, porque te facilita mucho el día a día. Además, he intentado que las sesiones de cocina resulten lo más sencillas posibles: las recetas están explicadas paso a paso, a detalle, y las fotos te permitirán visualizar el resultado.

¿Qué material necesito para seguir este método?

Los menús están pensados para un hogar promedio, que disponga de un horno en el que se puedan poner dos bandejas a la vez y estufa con al menos tres fogones. Durante la sesión de cocina, todo se prepara al mismo tiempo, lo que permite ahorrar tiempo y electricidad.

En cuanto a los utensilios de cocina y los contenedores de conserva necesarios para elaborar los menús, véase la página 12.

Antes de lanzarte…

✳ Ordena el congelador. Quizá debas cocinar algunos alimentos que tenías congelados para ganar espacio.

✳ Antes de ir a comprar, ordena el refrigerador, tira la comida caducada o que tenga mal aspecto, limpia los estantes con vinagre blanco para eliminar los olores y las bacterias, y termina todas las sobras.

Te propongo un reto: prueba el método con un solo menú, así podrás constatar sus beneficios durante toda la semana. ¡Lo más probable es que quieras continuar y acabes siendo un adepto!

Refrigerador

Tiempo de conservación

1 semana:
* lechuga lavada
* hierbas aromáticas lavadas
* verduras y *crudités* cortadas
* cebollas y ajos picados
* vinagretas

5 días:
* huevos duros
* humus
* legumbres cocidas en casa (lentejas, garbanzos, frijoles blancos, etc.)

Entre **3** y **4** días:
* cereales hervidos (arroz, quinoa, etc.)
* verduras cocidas
* sopas, cremas, gazpachos
* gratinados sin carne

2 días:
* carne marinada
* carne y pescado cocido
* quiches, hojaldres

Consejos
* No prepares las papas con excesiva antelación: crudas, se oxidan; si las guardas una vez cocidas, saben mal.
* En el caso de los cereales, si el tiempo de cocción es reducido (como el arroz, la pasta o la sémola), hiérvelos en el último momento, así tendrán mejor sabor y una textura óptima.
* Conserva los guisos y las sopas en la misma olla o cazuela si son para cenar, así podrás calentarlos directamente.
* Si congelas un plato casero, debes consumirlo en un plazo de dos meses, como máximo, para que la textura no se altere.

Material básico

Para cocinar

Antes de preparar los menús del libro, comprueba que dispones de los siguientes utensilios:

* 1 cazuela
* 1 sartén
* 3 ollas de distinto tamaño
* opcional: un *wok* y una vaporera

Los utensilios de cocina necesarios para elaborar las recetas son muy básicos, no hace falta ninguno profesional. Te bastará con una ensaladera, tazones, un embudo, charolas para el horno, bandejas para gratinar, un molde de pastel redondo, un molde de bizcocho rectangular, un escurridor de ensalada, una batidora de mano, una pala trituradora, un robot de cocina, un pelador, un rallador y una espumadera.

Para conservar

La particularidad de este libro es que se conservan muchos alimentos y platos. Por tanto, tendrás que proveerte de contenedores de conserva herméticos o recipientes. Elígelos preferiblemente de cristal, que son más saludables que los de plástico y, además, pueden ponerse en el horno o el microondas. En Ikea, por ejemplo, encontrarás a precios muy asequibles.

Para los menús, vas a necesitar, como máximo:

* 1 recipiente muy grande para guardar la ensalada
* 3 recipientes grandes
* 5 recipientes medianos
* 3 recipientes pequeños
* 2 contenedores pequeños herméticos para conservar las cebollas y el ajo picados sin que desprendan olores
* 1 botella de cristal de un litro y medio para conservar las cremas, las sopas o los gazpachos

También deberías tener a la mano papel film, bolsas para congelar y papel de cocina.

Despensa básica

Estos ingredientes se utilizan en muchos de los menús, así que asegúrate de tenerlos siempre en la despensa.

* aceite de girasol
* aceite de oliva
* arroz blanco
* arroz integral
* especias básicas: clavo, canela, comino, curri, hierbas provenzales, laurel, nuez moscada, *ras-el-hanut,* tomillo
* harina
* cátsup
* lentejas
* levadura
* maicena (fécula)
* miel
* mostaza
* pan molido
* pasta
* pimienta
* quinoa
* sal fina y gruesa
* salsa de soya
* salsa de tomate
* sémola
* trigo
* vinagre
* vinagre balsámico

Primavera

Menú #1

Carrito del súper

Lista del súper

Menú #1

Verduras/Fruta

* 1 hinojo
* 1 limón
* 1 lima
* 1 lechuga hoja de roble
* 1 manojo de zanahorias
* 1 puñado de germinado de soya (o 1 bolsita)
* 1 kg de espinacas frescas (o 500 g de espinacas congeladas cortadas)
* 3 tomates
* 2 pepinos pequeños
* 400 g de habas con las vainas (o 200 g de habas congeladas)
* 1 manojo de cebollitas de Cambray
* 1 manojo de cilantro
* 5 cm de jengibre
* 4 dientes de ajo

Despensa básica

* pan molido
* harina
* mostaza
* tomillo seco
* vinagre
* aceite de oliva y de girasol
* sal y pimienta

Carne/Pescado

* 4 filetes de res
* 4 filetes de pavo muy finos
* 2 rebanadas de jamón o de pechuga de pavo
* 20 camarones congelados crudos y pelados

Lácteos

* 1 bote de *ricotta* (250 g)
* 1 bolsita de parmesano
* 1 *mozzarella*
* 330 ml de crema líquida
* 1 paquete de queso de cabra con ceniza

Varios

* 10 huevos
* 2 latas de atún blanco (unos 320 g)
* 8 anchoas
* 50 g de aceitunas negras
* 200 g de *conchiglioni*
* 250 g de *bulgur*
* 200 g de pasta de arroz
* 200 ml de salsa de tomate natural
* 1 barra de pan (que deberás comprar el fin de semana y congelarla, o el jueves)
* salsa de soya
* salsa *nuoc-mam*

Lunes

Entrada
Hinojo marinado con
aceite de oliva y limón

Plato principal
San jacobos caseros*

Martes

Filete de res con puré
de zanahorias

Miércoles

Conchiglioni rellenos
de ricotta y espinacas

Jueves

Ensalada *niçoise*

Viernes

Entrada
Tostadas con queso de
cabra caliente

Plato principal
Pad thai de camarones

*Para que el menú no contenga cerdo, sustituye el jamón por pechuga de pavo.

Preparación

Menú #1

Antes de empezar

1) Si tienes suficiente espacio, saca todos los ingredientes que vas a utilizar en la sesión de cocina, menos la lima, el germinado de soya, los camarones, 3 huevos, el parmesano, el paquete de queso de cabra, el atún blanco, las anchoas, las aceitunas, el *bulgur,* la pasta de arroz y la salsa *nuoc-mam.* Así lo tendrás todo a la mano y no perderás tiempo buscando los ingredientes en la alacena y el refrigerador.

2) Saca también todos los utensilios necesarios:
   * 1 rallador (para las zanahorias)
   * 1 charola grande para gratinar
   * 1 escurridor de ensalada
   * 1 ensaladera
   * 1 sartén
   * 1 olla pequeña
   * 1 olla mediana
   * 1 olla grande
   * 1 batidora de mano
   * 1 espumadera
   * 3 platos hondos
   * 10 contenedores: 3 grandes, 3 medianos y 4 pequeños
   * 1 bolsa para congelar (si vas a congelar la barra de pan), papel film y papel de cocina

¡A cocinar durante 2 horas y 10 minutos!

1 Lava la lechuga poniendo cada una de las hojas debajo del agua fría. Escúrrela bien y guárdala en un recipiente grande hermético, entre 2 trozos de papel de cocina. Así la lechuga se conservará durante 1 semana en el refrigerador.

2 Quita la liga del manojo de cilantro y sumérgelo en agua fría. Escúrrelo bien y guárdalo en contenedor herméticoa entre 2 trozos de papel de cocina durante 1 semana.

3 Lava las espinacas, escúrrelas y córtalas un poco. Pela y pica los 4 dientes de ajo.

4 En un sartén, calienta 2 cucharadas soperas de aceite de oliva. Añade

½ cucharadita de ajo, 1 cucharadita de sal y, poco a poco, las espinacas cortadas. Cuécelo durante 15 minutos sin poner la tapa, hasta que se haya evaporado el agua.

5 Pon a hervir una olla grande de agua con sal. Cuece los *conchiglioni al dente.* Escúrrelos.

6 Echa las espinacas cocidas en una ensaladera. Añade el bote de *ricotta,* salpimiéntalo y tritúralo un poco con la ayuda de una batidora de mano.

7 Vierte la salsa de tomate en una charola grande para gratinar y salpimiéntala. Con una cuchara pequeña, rellena los *conchiglioni* con la mezcla de *ricotta* y espinacas. Ponlos en la charola bien apretados.

8 Pon a hervir una olla mediana de agua con sal. Pela todas las zanahorias. Ralla 2 y guárdalas en un recipiente hermético. Corta las otras en rodajas. Hiérvelas durante 20 minutos.

9 Pon a hervir una olla pequeña de agua con sal. Desgrana las habas y cuécelas durante 2 minutos. Con una espumadera, sácalas de la olla y ponlas debajo de la llave de agua fría. En la misma olla, hierve 4 huevos durante 10 minutos.

10 Corta el hinojo en láminas muy finas (con una mandolina, un robot de cocina o un cuchillo). Ponlo en un recipiente con el jugo de limón, 3 cucharadas soperas de aceite de oliva, ½ cucharadita de sal y un poco de pimienta. Mézclalo y deja que se marine en el refrigerador.

Preparación

Menú #1

11 Con una batidora de mano, tritura las zanahorias hervidas con la crema líquida, ½ cucharadita de sal, un poco de pimienta y ⅓ del jengibre.

12 Pica las cebollitas de Cambray. Guárdalas en un recipiente hermético.

13 Prepara el marinado para los filetes de res: mezcla 2 cucharadas soperas de salsa de soya, 2 cucharadas soperas de aceite de girasol, 6 ramitas de cilantro picado, 1 cucharada sopera de cebollitas, ⅓ del jengibre rallado y ½ cucharadita de ajo. Cubre los filetes con esta mezcla.

14 Guarda el ajo picado y el jengibre rallado restantes en un recipiente pequeño hermético. Ciérralo bien.

15 Lava los pepinos y los tomates y córtalos en rodajas. Guárdalos en un recipiente, junto con las habas protegidas por la piel.

16 Corta el *mozzarella* en 8 rebanadas. Toma 3 platos hondos. En el primero, pon 4 cucharadas soperas de harina. En el segundo, 3 huevos batidos. En el tercero, 100 g de pan molido.

17 Prepara los san jacobos: pon un filete de pavo entre dos rectángulos de papel film. Aplástalo haciendo presión con el fondo de una olla pesada. Repite la operación con cada filete. Corta en dos las rebanadas de jamón. Pon ½ rebanada encima de cada filete. A continuación, pon 2 rebanadas de *mozzarella* en medio y salpiméntalo. Cierra el filete. Pasa los dos lados por el plato de la harina, después por el de los huevos batidos y, finalmente, por

el del pan molido. Repite la operación con cada filete.

18 Prepara una vinagreta abundante mezclando 2 cucharadas soperas de mostaza, 3 cucharadas soperas de vinagre, 1 cucharadita de sal y un poco de pimienta; luego emulsiónalo vertiendo 6 cucharadas soperas de aceite de oliva, una tras otra.

19 Si compraste la barra de pan este fin de semana, córtala en rebanadas y guárdala en una bolsa para congelar.

¡Todo listo! Deja que se enfríe.

Guarda en el refrigerador
* el hinojo marinado (se conserva durante 2 días);
* los san jacobos (se conservan durante 2 días);
* los filetes marinados (se conservan durante 3 días);
* el puré de zanahorias (se conserva durante 3 días);
* los *conchiglioni* rellenos, en la misma charola para gratinar, tapada con papel film (se conservan durante 4 días);
* los 4 huevos duros (se conservan durante 5 días);
* el recipiente con los tomates, los pepinos y las habas (se conservan durante 1 semana);
* las cebollas en juliana (se conservan durante 1 semana);
* la lechuga lavada (se conserva durante 1 semana);
* las zanahorias ralladas (se conservan durante 1 semana);
* el cilantro restante (se conserva durante 1 semana);
* el recipiente con el ajo picado y el jengibre rallado (se conservan durante 1 semana);
* la vinagreta (se conserva durante 1 semana).

Guarda en el congelador
* las rebanadas de pan (suponiendo que lo hayas comprado con antelación).

Resultado

Menú #1

Menú #1

Lunes

Tiempo de cocción:
10 minutos

Entrada
Hinojo marinado con aceite de oliva y limón

Plato principal
San jacobos caseros

Ingredientes: el hinojo marinado, los san jacobos, la mitad de la lechuga y de la vinagreta, y aceite de oliva
Al menos 15 minutos antes de servirlo, saca el hinojo marinado del refrigerador.
En un sartén, calienta 3 cucharadas soperas de aceite de oliva.
Fríe los san jacobos por cada lado a fuego lento durante 5 minutos. Sírvelos acompañados de la lechuga aliñada con la vinagreta (guarda para los próximos días).

Tiempo de recalentamiento:
10 minutos
Tiempo de cocción:
5 minutos

Martes

Filete de res marinado con puré de zanahorias

Ingredientes: los filetes marinados, el puré de zanahorias y las ceboillitas de Cambray
Calienta el puré de zanahorias en una olla o en el microondas, como prefieras.
Decóralo con 1 cucharada sopera de ceboillitas de Cambray.
Fríe los filetes con el marinado a fuego vivo durante 5 minutos.

Miércoles

Tiempo de recalentamiento:
10 minutos

***Conchiglioni* rellenos de *ricotta* y espinacas**

Ingredientes: los *conchiglioni* rellenos y la bolsita de parmesano
Precalienta el horno a 200 °C (t. 6-7). Espolvorea los *conchiglioni* con parmesano y gratínalos durante 10 minutos.

Jueves

Ensalada *niçoise*

Tiempo de preparación:
10 minutos
Tiempo de cocción:
10 minutos

Ingredientes: 250 g de *bulgur,* el recipiente con los tomates, los pepinos y las habas, las 8 anchoas, los huevos duros, el atún blanco, 4 ramitas de cilantro, las cebollitas de Cambray, las aceitunas negras y vinagreta
Hierve el *bulgur* siguiendo las indicaciones del paquete. Enfríalo con agua fría de la llave. Quita la piel de las habas apretándolas con los dedos. Pela los huevos. Pon todos los ingredientes en una ensaladera y sirve la ensalada con la vinagreta (guarda un poco para el día siguiente).

Tiempo de cocción:
10 minutos
Tiempo de preparación:
15 minutos

Viernes

**Entrada
Tostadas con queso
de cabra caliente**

**Plato principal
Pad thai de
camarones**

Ingredientes: la lechuga restante, la barra de pan, el paquete de queso de cabra, tomillo y vinagreta; 200 g de pasta de arroz, los camarones congelados, la mezcla de ajo y jengibre, 3 huevos, salsa de soya, salsa *nuoc-mam,* germinado de soya, las zanahorias ralladas, las cebollitas restantes, el cilantro restante, la lima y aceite de girasol
Precalienta el horno a 200 °C (t. 6-7). Tuesta las rebanadas de pan durante 3 minutos. Corta el paquete de queso de cabra en rodajas. Coloca una encima de cada rebanada de pan, espolvoréalo con tomillo y hornéalo durante 3 minutos para que se derrita el queso. Sírvelo encima de la ensalada aliñada con la vinagreta.
Hidrata la pasta de arroz cubriéndola con agua muy caliente durante 5 minutos. Lava con agua los camarones, sécalos y, con un cuchillo, haz un corte en el lomo. Calienta 3 cucharadas soperas de aceite en un *wok* o un sartén. Echa los camarones y fríelos durante 1 minuto a fuego muy vivo. Saca los camarones y resérvalos en un tazón. Echa la mezcla de ajo y jengibre al *wok*. Sofríelo durante 1 minuto. Añade las zanahorias ralladas, 4 cucharadas soperas de salsa de soya y 4 más de salsa *nuoc-mam*. Añade la pasta rehidratada y 1 vaso grande de agua. Cuécelo durante 5 minutos, removiendo bien. Pon la pasta en un lado del *wok* y casca 3 huevos en el otro lado. Cuécelos durante 2 minutos y después mézclalos con la pasta. Echa los camarones, mézclalo todo durante medio minuto y luego apaga el fuego. Añade el germinado de soya, los cebollines y el cilantro picado. Sírvelo con rodajas de lima.

Estas indicaciones son las ideales si preparaste el menú para comer en casa. Pero si cocinaste para comer al día siguiente en el trabajo, en general bastará con que ultimes la preparación la noche antes y calientes la comida en el microondas de la oficina.

Menú #2

Menú #2

Lista del súper

Menú #2

Verduras/Fruta

* 1.8 kg de papas nuevas
* 250 g de chícharos pelados
* 200 g de tirabeques
* 3 zanahorias
* 1 coliflor pequeña
* 1 brócoli pequeño
* 1 manojo de cebollín
* 1 manojo de perejil
* 6 espárragos verdes
* 100 g de brotes de espinacas
* 2 limones orgánicos
* 3 cebollas amarillas
* 4 dientes de ajo

Despensa básica

* 2 hojas de laurel
* *ras-el-hanut*
* comino
* aceite de oliva
* sal y pimienta

Carne/Pescado

* 1 chuleta de ternera de 1 kg aproximadamente
* 300 g de filetes de pescado azul ahumado
* 400 g de filetes de pollo

Lácteos

* 125 g de mantequilla
* 330 ml de crema líquida
* 300 g de queso fresco tipo Philadelphia®
* 1 paquete de *feta*

Varios

* 250 g de *tagliatelle*
* 8 rebanadas de pan de caja
* 1 taza de garbanzos
* 200 g de *bulgur*
* 250 g de arroz
* 4 cucharadas soperas de alcaparras
* 100 g de almendras
* 2 botes de tomate triturado (unos 800 g)
* 30 g de aceitunas sin hueso
* 2 cubos de consomé de pollo

Lunes

Chuleta de ternera
asada con verduras
de primavera

Martes

Entrada
Coliflor con una
vinagreta de alcaparras

Plato principal
Pastel de queso salado

Miércoles

Entrada
Rillettes de pescado
azul ahumado

Plato principal
Pollo *alla puttanesca*
con arroz

Jueves

Bulgur especiado
con coliflor, brócoli
y chícharos

Viernes

Tagliatelle con pescado
azul ahumado y
verduras

Preparación
Menú #2

Antes de empezar

1) Si tienes suficiente espacio, saca todos los ingredientes que vas a utilizar en la sesión de cocina, menos 1 limón, la crema líquida, los *tagliatelle,* 4 rebanadas de pan de caja, los garbanzos, el *bulgur* y el arroz. Así lo tendrás todo a la mano y no perderás tiempo buscando los ingredientes en la alacena y el refrigerador.
2) Saca también todos los utensilios necesarios:
   * 1 cazuela
   * 1 olla grande
   * 1 sartén
   * 1 charola para el horno
   * 1 molde pequeño para tarta desmontable
   * 1 robot de cocina
   * 1 ensaladera
   * 1 escurridor de ensalada (o un trapo de cocina limpio)
   * 1 rallador o pelador
   * 6 contenedores: 3 grandes, 1 mediano y 2 pequeños
   * papel vegetal y papel film

¡A cocinar durante 1 hora y 55 minutos!

1 Precalienta el horno a 180 °C (t. 6). En una charola para el horno, pon 4 rebanadas de pan de caja y los 100 g de almendras. Hornéalo durante 10 minutos.

2 Pela las cebollas y los dientes de ajo. Córtalos en juliana y resérvalos en 2 tazones.

3 En la cazuela, calienta 3 cucharadas soperas de aceite de oliva. Salpimienta la chuleta de ternera y ponla en la cazuela. Dórala a fuego alto por cada lado durante 5 minutos.

4 Quita la chuleta de ternera de la cazuela y pon ⅓ de las cebollas y del ajo en juliana, así como 1 cucharadita de sal. Sofríelo a fuego bajo por los dos lados durante 5 minutos.

5 Mientras tanto, pela las papas y las zanahorias. Corta las zanahorias en rodajas y las papas por la mitad. Ponlas en la cazuela. Añade 2 vasos de agua, 1 cubo de consomé de pollo y las hojas de laurel. Vuelve a poner la chuleta de ternera en la cazuela. Pon la tapa y guísalo a fuego lento durante 20 minutos.

6 En una charola para el horno, pon todo el tomate triturado, las aceitunas negras, la mitad del ajo y de las cebollas restantes, 2 cucharadas soperas de alcaparras y 3 cucharadas soperas de aceite de oliva. Salpiméntalo y mézclalo. Hornéalo durante 35 minutos.

7 En el vaso de la batidora de mano, pon el pan de caja tostado y la mitad de las almendras tostadas. Tritúralo bien. Derrite los 125 g de mantequilla. Añade 90 g de la

mantequilla derretida al vaso de la batidora y vuelve a triturar un momento. Reserva el resto de la mantequilla.

8 Corta un círculo de papel vegetal del tamaño del molde para tarta. Ponlo en el fondo del molde y, a continuación, recúbrelo con la mezcla que acabas de preparar. Aplánalo con un vaso, dejando que la masa sobresalga por los bordes. Guárdalo en el refrigerador.

9 Lava la batidora de mano para preparar las *rillettes* de pescado azul ahumado. En el vaso de la batidora, pon 150 g de filetes de pescado azul ahumado sin la piel, 100 g de queso fresco, la mantequilla derretida restante y la piel de 1 limón y ⅔ del jugo. Tritúralo un momento.

Menú #2

10 Lava el cebollín y el perejil y sécalos bien con el escurridor de ensalada o un trapo de cocina limpio. Pica ⅓ del manojo de cebollín y échalo sobre las *rillettes* de pescado ahumado, mézclalo y ponlo en un tazón para servir.

11 Añade los tirabeques y la mitad de los chícharos a la cazuela y alarga la cocción 15 minutos más.

12 Corta las pechugas de pollo en tiras y añádelas a la charola para el horno mezclándolo todo bien. Hornéalo 10 minutos más.

13 Lava el robot de cocina para preparar el pastel de queso salado. En el vaso del robot, pon los 200 g de queso fresco restante, la mitad del *feta* y el jugo de limón restante. Tritúralo bien y viértelo en una ensaladera. Pica la mitad del cebollín restante y mézclalo todo con una espátula. Saca del refrigerador la masa de la tarta y, con la espátula, esparce por encima la preparación con queso.

14 Lava los brotes de espinacas y sécalos con el escurridor de ensalada. Añade la mitad a la charola para el horno y alarga la cocción 2 minutos para que se cuezan.

15 En un sartén, calienta 2 cucharadas soperas de aceite de oliva. Añade las cebollas en juliana restantes, 1 cucharada sopera de *ras-el-hanut* y ½ cucharadita de sal. Sofríelo a fuego lento durante 5 minutos. Corta las flores del brócoli y de la coliflor y añádelas al sartén con 1 cubo de consomé de pollo. Cúbrelo de agua y cuécelo con la tapa puesta durante 15 minutos.

16 Prepara la vinagreta de alcaparras: mezcla 4 cucharadas soperas de aceite de oliva, 2 cucharadas soperas de vinagre de vino, ½ cucharadita de comino, 2 cucharadas soperas de alcaparras, un poco de sal y de pimienta.

17 Con un cuchillo, trocea el resto de las almendras tostadas. Guárdalas en un contenedor de cristal.

18 Pela los espárragos, quita el extremo duro, córtalos en 2 trozos y luego en sentido longitudinal.

¡Todo listo! Deja que se enfríe.

Guarda en el refrigerador
* las verduras verdes crudas: los chícharos y los brotes de espinacas restantes y los espárragos pelados;
* la cazuela con la ternera;
* la mitad de la coliflor hervida, sin el jugo de la cocción (se conserva durante 4 días);
* el brócoli y la coliflor hervidos, con el jugo de la cocción (se conservan durante 4 días);
* las *rillettes* de pescado azul ahumado (se conservan durante 5 días);
* el pastel de queso salado (se conserva durante 3 días);
* los restos de cebollín y de perejil (se conservan durante 1 semana);
* la vinagreta de alcaparras (se conserva durante 1 semana);
* el pescado blanco ahumado restante, bien envuelto;
* el resto del *feta,* bien envuelto.

Deja fuera
* las almendras tostadas.

Guarda en el congelador
* el pollo *alla puttanesca,* idealmente en la misma charola, tapado con papel film.

Resultado

Menú #2

Menú #2

Lunes

Tiempo de recalentamiento:
15 minutos

Chuleta de ternera asada con verduras de primavera

Ingredientes: el guiso de ternera asada con verduras de primavera, sal y pimienta
Caliéntalo a fuego medio durante 15 minutos. ¡Salpimiéntalo y sírvelo!

Tiempo de cocción:
5 minutos
Tiempo de preparación:
3 minutos

Martes

Ingredientes: la coliflor cocida, la vinagreta de alcaparras, 4 ramitas de cebollín; el pastel de queso salado, el contenedor con las verduras verdes crudas y 4 ramitas de perejil
Vierte la vinagreta sobre la coliflor, pica el cebollín y mézclalo. ¡Ya puedes servirlo!
Pon a hervir una olla de agua con sal. Cuece la mitad de los espárragos y los chícharos durante 5 minutos. Deben quedar crujientes. Pica el perejil y utilízalo para decorar el pastel de queso. Sírvelo con las verduras y algunos brotes de espinacas. Guarda el resto de las verduras verdes crudas en el congelador para la receta del viernes.
Para el miércoles, saca del congelador el pollo *alla puttanesca* y déjalo en el refrigerador para que vaya descongelándose.

**Entrada
Coliflor con una vinagreta de alcaparras**

**Plato principal
Pastel de queso salado**

Miércoles

Tiempo de recalentamiento:
10 minutos
Tiempo de cocción:
15 minutos
Tiempo de preparación:
5 minutos

**Entrada
Rillettes de pescado azul ahumado**

Ingredientes: las *rillettes* de pescado azul ahumado, 4 rebanadas de pan de caja, 4 ramitas de perejil; el pollo *alla puttanesca* y 250 g de arroz
Tuesta las rebanadas de pan en la tostadora. Córtalas en cuatro. Unta cada trozo con las *rillettes* de pescado azul ahumado, decóralo con perejil y sírvelo.
Precalienta el horno a 180 °C (t. 6). Calienta el pollo *alla puttanesca* durante 10 minutos. Hierve el arroz siguiendo las indicaciones del paquete y sírvelo con el pollo *alla puttanesca*.

**Plato principal
Pollo *alla puttanesca* con arroz**

Jueves

Bulgur especiado con coliflor, brócoli y chícharos

Tiempo de cocción:
10 minutos
Tiempo de recalentamiento:
5 minutos
Tiempo de preparación:
3 minutos

Ingredientes: 200 g de *bulgur,* 1 taza de garbanzos, el brócoli y la coliflor hervidos con el jugo de la cocción, las almendras tostadas y la mitad del cebollín y del perejil restantes

Hierve el *bulgur* siguiendo las indicaciones del paquete (en general, 10 minutos en agua hirviendo con sal). Lava y escurre los garbanzos. Viértelos en el recipiente de la coliflor y el brócoli. Caliéntalo en el microondas durante 5 minutos. Échalo encima del *bulgur* escurrido, espolvoréalo con las almendras tostadas, pica las hierbas aromáticas y utilízalas para decorar el plato.

Tiempo de cocción:
15 minutos
Tiempo de preparación:
10 minutos

Viernes

Tagliatelle con pescado azul ahumado y verduras

Ingredientes: 250 g de *tagliatelle,* las verduras verdes cocidas restantes, el pescado azul ahumado restante, 1 limón orgánico, el *feta* restante, la crema líquida, las hierbas aromáticas restantes, sal y pimienta

En una olla grande, pon a hervir agua con sal. Hierve los *tagliatelle* con los espárragos y los chícharos. 2 minutos antes de que termine la cocción, añade los brotes de espinacas. Mientras tanto, corta el pescado azul en tiras. Ralla el limón y exprímelo. Corta el *feta* en daditos. Pica las hierbas aromáticas. Escurre la pasta con verduras y sírvela en una ensaladera. Añade la crema líquida, la ralladura de limón, el pescado azul ahumado, los dados de *feta* y las hierbas aromáticas. Salpimiéntalo y mézclalo.

Estas indicaciones son las ideales si preparaste el menú para comer en casa. Pero si cocinaste para comer al día siguiente en el trabajo, en general bastará con que ultimes la preparación la noche antes y calientes la comida en el microondas de la oficina.

Verano

Menú #1

Carrito del súper

Menú #1

Lista del súper
Menú #1

Verduras/Fruta

* 3 berenjenas
* 800 g de papas blancas grandes
* 2 pimientos rojos
* 2 pimientos amarillos
* 2 pimientos verdes
* 4 calabacintas
* 1 charola de tomates *cherry*
* 1 bolsita de arúgula
* 1 manojo de cilantro
* 1 manojo de albahaca
* 1 limón pequeño
* 6 dientes de ajo
* 4 cebollas
* 3 cm de jengibre

Despensa básica

* nuez moscada
* aceite de oliva
* sal y pimienta

Carne/Pescado

* 8 salchichas picantes
* 8 rebanadas de *bresaola*
* 4 filetes de pollo

Lácteos

* 1 *mozzarella*
* 250 ml de crema líquida

Varios

* 6 huevos
* 1 pan redondo grande
* 250 g de espaguetis
* 250 g de *bulgur*
* 250 g de sémola (para el cuscús)
* salsa de soya
* miel líquida
* *tahin* (opcional)
* comino molido
* cilantro molido

Menús

Lunes

Brochetas de pollo marinado con *bulgur* y verduras asadas

Martes

Cuscús de salchichas picantes

Miércoles

Entrada
Caviar de berenjenas

Plato principal
Tortilla al horno

Jueves

Bruschetta de verano

Viernes

Entrada
Pimientos marinados con ajo y aceite de oliva

Plato principal
Espaguetis a la tunecina

Preparación

Menú #1

Antes de empezar

1) Si tienes suficiente espacio, saca todos los ingredientes que vas a utilizar en la sesión de cocina, menos la arúgula, la *bresaola,* el *mozzarella,* los espaguetis, el *bulgur* y la sémola. Así lo tendrás todo a la mano y no perderás tiempo buscando los ingredientes en la alacena y el refrigerador.

2) Saca también todos los utensilios necesarios:
   * 2 charolas grandes para el horno
   * 1 molde de pastel redondo
   * 1 procesador de alimentos
   * 1 ensaladera grande
   * 1 escurridor de ensalada
   * 1 ensaladera
   * 3 broquetas para las brochetas (opcional)
   * 4 recipientes: 3 grandes y 1 mediano
   * 2 bolsas para congelar
   * papel de cocina, papel vegetal y papel film **¡A cocinar durante 1 hora y 45 minutos!**

1 Precalienta el horno en la función de *grill.* Corta en dos todos los pimientos, quita las membranas blancas y las semillas. En una charola para el horno recubierta con papel vegetal, coloca 2 berenjenas enteras y los pimientos partidos por la mitad, con la piel hacia arriba. Hornéalo durante 30 minutos.

2 Lava y seca las calabacitas, la berenjena restante y los tomates *cherry.* Pela las papas. Pela las cebollas y los dientes de ajo.

3 Corta en daditos todas las calabacitas y la berenjena. Corta la cebolla en juliana y pica el ajo. Corta las papas en rodajas finas.

4 Deja en remojando la albahaca y el cilantro en el escurridor de ensalada lleno

de agua durante 5 minutos. Quita el agua y escúrrelos bien. Guárdalos en un recipiente de cristal entre 2 hojas de papel de cocina. Así se conservan en el refrigerador durante 1 semana.

5 Saca del horno las berenjenas y los pimientos asados. Deja que se enfríen en un plato.

6 Recubre 2 charolas para el horno con papel vegetal. En una, pon todas las rodajas de papas y una cuarta parte de estos ingredientes: calabacitas, tomates *cherry,* ajos y sal. En la otra charola para el horno, pon el resto de estos ingredientes, menos la mitad del ajo picado. En cada charola, echa 2 cucharadas soperas de aceite de oliva y salpimiéntalo. Mézclalo bien. Hornéalo a 200 °C (t. 6-7) durante 30 minutos.

7 Prepara el marinado para el pollo: en un recipiente grande de cristal, mezcla 4 cucharadas soperas de salsa de soya, 1 cucharada sopera de aceite de oliva, 1 cucharada sopera de miel, el jengibre rallado y ⅓ del ajo restante. Corta los filetes de pollo en dados del mismo tamaño. Sumérgelos en el marinado, mézclalo y guárdalo en un recipiente hermético.

8 Quita la piel de las berenjenas. Echa la pulpa en el vaso del robot de cocina junto con la mitad del ajo restante, el jugo de limón, 1 cucharada sopera de *tahin* (opcional), ½ cucharadita de comino, 1 cucharadita de sal, 1 pizca de pimienta y 1 cucharada sopera de aceite de oliva. Tritúralo bien. Viértelo en un tazón para servir y cúbrelo con papel film.

Preparación

Menú #1

9 Quita la piel de los pimientos. Córtalos en tiras. Reserva las tiras de pimientos verdes (para la receta de espaguetis a la tunecina). Pon la mitad de las tiras de pimientos amarillos y rojos en una bonita ensaladera. Cúbrelos con 3 cucharadas soperas de aceite de oliva, el ajo picado restante y 1 cucharadita de sal. Mézclalo, tápalo con papel film y guárdalo en el refrigerador. Corta en dados el resto de las tiras de pimientos.

10 En una ensaladera grande, bate los 6 huevos con un tenedor. Añade la crema líquida. Salpimiéntalo y añade 1 pizca de nuez moscada.

11 Unta con aceite el molde de pastel redondo, prestando especial atención a las paredes. Corta un círculo de papel vegetal del tamaño de la base del molde.

Echa las verduras asadas de la charola para el horno que contiene papas. Vierte encima la preparación con el huevo. Hornéalo durante 30 minutos a 180 °C (t. 6).

12 Corta 4 salchichas en rodajas de 1 cm. Deja las otras 4 enteras. En un sartén sin materia grasa, cuece las salchichas. Quita las 4 salchichas enteras. Añade al sartén las tiras de pimientos verdes. Cuécelo hasta que el jugo se evapore. Guárdalo en un recipiente de cristal.

13 Acaba de llenar el recipiente de tiras de pimientos verdes y rodajas de salchichas con casi todos los tomates *cherry* y algunas verduras asadas. Guarda el resto de las verduras asadas y las 4 salchichas enteras en un recipiente grande.

14 Corta el pan redondo en rebanadas. Guárdalo en el congelador: en una bolsa, pon las 8 rebanadas más grandes (para las *bruschetta*) y, en otra bolsa para congelar, las rebanadas más pequeñas (para untar el caviar de berenjenas).

¡Todo listo! Deja que se enfríe.

Guarda en el refrigerador
* el caviar de berenjenas (se conserva durante 1 semana);
* los pimientos marinados (se conservan durante 1 semana);
* el pollo marinado (se conserva durante 2 días);
* las verduras asadas al horno con las 4 salchichas medio cocidas (se conservan durante 3 días);
* la albahaca y el cilantro en un recipiente hermético (se conservan durante 1 semana);
* las 4 salchichas restantes.

Guarda en el congelador
* las rebanadas de pan;
* la tortilla, en el mismo molde, tapado con papel film;
* el recipiente con las tiras de pimientos verdes, los tomates *cherry* y las salchichas.

Resultado

Menú #1

Menú #1

Lunes

Brochetas de pollo marinado con *bulgur* y verduras asadas

Tiempo de recalentamiento:
10 minutos
Tiempo de cocción:
15 minutos
Tiempo de preparación:
1 minutos

Ingredientes: el pollo marinado, 250 g de *bulgur,* la mitad de las verduras asadas, la mitad de la albahaca, sal y pimienta
Hierve el *bulgur* siguiendo las indicaciones del paquete. Calienta las verduras. Ensarta los dados de pollo en 4 brochetas. Cuécelas durante 10 minutos en el sartén (o en el horno con la función de *grill* o en el asador). Mezcla las verduras con el *bulgur.* Salpimiéntalo y espolvoréalo con albahaca picada.

Tiempo de recalentamiento:
15 minutos
Tiempo de cocción:
5 minutos
Tiempo de preparación:
1 minutos

Martes

Cuscús de salchichas picantes

Ingredientes: las verduras al horno restantes con las 4 salchichas, 200 g de sémola de trigo, la mitad del cilantro y ½ cucharadita de cilantro molido
Cuece la sémola. En un sartén, calienta las salchichas sin materia grasa. Resérvalas. En el mismo sartén, echa las verduras, 1 vaso de agua y el cilantro molido. Cuécelo durante 5 minutos. Pica el cilantro fresco. Sírvelo con la sémola y las salchichas.
Para el miércoles, saca del congelador la tortilla y las rebanadas pequeñas de pan y déjalo en el refrigerador para que vaya descongelándose.

Miércoles

**Entrada
Caviar de berenjenas**

**Plato principal
Tortilla al horno**

Tiempo de recalentamiento:
15 minutos

Ingredientes: la tortilla, tres cuartas partes del caviar de berenjenas, las rebanadas de pan pequeñas y 2 ramitas de cilantro
Calienta la tortilla en el horno precalentado a 160 °C (t. 5-6). Tuesta el pan. Sírvelo untado con el caviar de berenjenas, espolvoreado con cilantro picado. Guarda en el congelador el resto del caviar de berenjenas para las *bruschetta* del jueves.
Para el jueves, saca del congelador las 8 rebanadas grandes de pan y déjalas en el refrigerador para que vayan descongelándose.

Jueves

Bruschetta de verano

Tiempo de cocción:
15 minutos
Tiempo de preparación:
7 minutos

Ingredientes: las 8 rebanadas grandes de pan, el caviar de berenjenas restante, 16 tiras de pimientos marinados, el *mozzarella,* la bolsa de arúgula, 2 ramitas de albahaca y aceite de oliva

Precalienta el horno a 200 °C (t. 6-7). Tuesta las rebanadas de pan durante 4 minutos. Corta el *mozzarella* en 16 trocitos. En cada rebanada de pan, unta 1 cucharadita de caviar de berenjenas, recúbrelo con 2 tiras de pimientos y 2 trozos de *mozzarella.* Ponlo 1 minuto en el horno para que se derrita el *mozzarella.* Pon encima *bresaola,* arúgula, albahaca y 1 chorrito de aceite de oliva.

Para el viernes, saca del congelador el recipiente con los pimientos verdes, los tomates *cherry* y las salchichas y déjalo en el refrigerador para que vaya descongelándose.

Tiempo de recalentamiento:
15 minutos
Tiempo de cocción:
15 minutos
Tiempo de preparación:
5 minutos

Viernes

**Entrada
Pimientos marinados
con ajo y aceite
de oliva**

**Plato principal
Espaguetis
a la tunecina**

Ingredientes: los pimientos marinados, 250 g de espaguetis, el recipiente con los pimientos verdes descongelados, la albahaca restante, el cilantro restante, sal y pimienta

Espolvorea los pimientos marinados con albahaca, sal y pimienta. ¡Sírvelos!

Hierve los espaguetis *al dente.* En un sartén, echa los pimientos marinados con ajo y empieza a calentarlos. A continuación, añade la mezcla de verduras y salchichas. Por último, añade los espaguetis hervidos y espolvoréalo con cilantro picado.

Estas indicaciones son las ideales si preparaste el menú para comer en casa. Pero si cocinaste para comer al día siguiente en el trabajo, en general bastará con que ultimes la preparación la noche antes y calientes la comida en el microondas de la oficina.

Menú #2

Carrito del súper

Menú #2

Lista del súper
Menú #2

Verduras/Fruta

* 4 calabacitas
* 1 piña grande
* 3 aguacates que estén maduros el viernes
* 2 pepinos
* 3 tomates no muy maduros
* 250 g de chícharos pelados
* 1 lechuga
* 1 limón pequeño
* 2 manojos de cebollas tiernas
* 1 manojo de menta
* 6 dientes de ajo
* 5 cm de jengibre

Despensa básica

* 1 polvo para hornear
* cátsup
* maicena
* aceite de oliva
* sal y pimienta

Carne/Pescado

* 20 camarones congelados crudos y pelados
* 150 g de dados de jamón (o de pechuga de pavo)
* 150 g de filetes de salmón ahumado

Lácteos

* 400 g de yogur griego
* 800 ml de crema líquida
* 1 queso de cabra curado (de 100 a 150 g)
* 25 g de mantequilla

Varios

* 6 huevos
* 1 masa quebrada
* 4 bollos para hamburguesas
* 200 g de *farfalle*
* 250 g de harina de trigo
* 150 g de arroz integral
* 1 lata de maíz
* 1 lata grande de atún (unos 250 g netos escurrido)
* 1 taza de garbanzos
* 1 taza de corazones de alcachofa
* hierbas provenzales
* salsa de soya

Lunes

Entrada
Sopa fría de calabacita

Plato principal
Quiche de atún
y tomate

Martes

Arroz salteado con
camarones y piña

Miércoles

Entrada
Tzatziki

Plato principal
Bizcocho salado
de calabacita y jamón*

Jueves

Hamburguesas
de garbanzos

Viernes

Ensalada de *farfalle*
con salmón ahumado

*Para que el menú no contenga cerdo, sustituye el jamón por pechuga de pavo.

Preparación
Menú #2

Antes de empezar

1) Si tienes suficiente espacio, saca todos los ingredientes que vas a utilizar en la sesión de cocina, menos los aguacates, 2 tomates, el limón, 1 diente de ajo, los camarones congelados, el salmón ahumado, el yogur griego, los bollos para las hamburguesas, el maíz y los corazones de alcachofa. Así lo tendrás todo a la mano y no perderás tiempo buscando los ingredientes en la alacena y el refrigerador.
2) Saca también todos los utensilios necesarios:
   * 1 charola para tartas
   * bolitas de cerámica para hornear (o legumbres crudas)
   * 1 rallador grueso
   * 1 ensaladera grande
   * 1 molde de bizcocho
   * 1 sartén
   * 1 olla grande
   * 1 robot de cocina
   * 1 batidora de mano
   * prensador de ajos (idealmente)
   * 1 escurridor de ensalada
   * 5 recipientes: 2 pequeños, 2 medianos y 1 grande
   * 1 botella de cristal de 1.5 l (para la sopa fría de calabacita)
   * papel de cocina, papel vegetal y papel film

¡A cocinar durante 2 horas y 10 minutos!

1 Precalienta el horno a 180 °C (t. 6). Unta la charola para tartas con mantequilla y pon encima la masa quebrada, apretando bien los bordes. Con un tenedor, pincha la base de la masa. Arruga el papel con el que estaba envuelta la masa, colócalo en el fondo de la masa y llénalo de bolitas de cerámica para hornear (o de legumbres crudas). Precocina la masa sin rellenar durante 30 minutos.

2 Pela los 2 pepinos, córtalos longitudinalmente, quita las pepitas y rállalos. Echa los pepinos rallados en un colador, sazónalos con abundante sal y deja que se escurran durante toda la sesión de cocina.

3 Quita las puntas de los manojos de cebollas y córtalas en juliana. Resérvalas en un tazón grande.

4 Prepara el relleno de la quiche: en una ensaladera grande, bate con un tenedor 3 huevos con 400 ml de crema líquida, 1 cucharadita de sal y un poco de pimienta. Añade 2 cucharadas soperas de cebolla en juliana, el atún desmenuzado y ⅓ de los chícharos. Lava 1 tomate y córtalo en rodajas. Vierte el relleno de la quiche en la masa de pay precocinada y recúbrelo con rodajas de tomate. Hornéalo durante 45 minutos en la parte superior del horno. Lava la ensaladera.

5 Pon a hervir una olla con 500 ml de agua con sal.

6 Pela y pica 5 dientes de ajo (idealmente, con el prensador de ajos). Resérvalos en un tazón. Lava las calabacitas. Corta 3 en trozos grandes y 1 en daditos.

7 Echa los trozos grandes de calabacitas a la olla y cuécelas durante 10 minutos.

8 Lava la lechuga: quita las hojas y ponlas a remojar en el escurridor de ensalada lleno de agua. Añade las hojas un poco estropeadas a la olla de la calabacita. Escurre bien la lechuga y guárdala en un recipiente hermético grande entre hojas de papel de cocina. Así la lechuga se puede conservar durante 1 semana.

9 Lava y seca bien la menta. Pica todo el manojo. Reserva la menta en un tazón.

10 Añade a la olla de la calabacita 2 cucharadas soperas de cebolla en juliana, ½ cucharadita de ajo picado, 1 cucharada sopera de menta y 200 ml de crema líquida. Tritúralo bien. Guarda la sopa fría de calabacita en una botella de cristal.

Preparación

Menú #2

11 En un sartén, calienta 1 cucharada sopera de aceite de oliva. Añade 2 cucharadas soperas de cebolla en juliana, ½ cucharadita de ajo picado, los daditos de calabacita y ½ cucharadita de sal. Cuécelo durante 10 minutos sin poner la tapa, hasta que el agua se haya evaporado por completo. Deja que se enfríe.

12 Prepara la masa del bizcocho salado: en una ensaladera grande, bate 3 huevos con 3 cucharadas soperas de aceite de oliva y el resto de la crema líquida. Ve añadiendo poco a poco 250 g de harina y la bolsita de polvo para hornear para que se incorporen bien. Echa los dados de jamón, el queso de cabra cortado en daditos, 1 cucharada sopera de menta picada, todo el contenido del sartén con la calabacita, 1 cucharadita

de sal y 1 cucharada sopera de hierbas provenzales. Vierte la masa en un molde de bizcocho untado con mantequilla y ponlo 1 hora en la parte inferior del horno. Al cabo de 10 minutos, haz un ligero corte a lo largo del bizcocho para que se infle de manera uniforme.

13 Lava el arroz y hiérvelo siguiendo las indicaciones del paquete. Escúrrelo.

14 Prepara las hamburguesas de garbanzos: en el vaso del procesador de alimentos, echa los garbanzos escurridos, 1 cucharada sopera de cebolla en juliana, un poco de ajo picado, 1 cucharadita de aceite de oliva y 2 cucharadas soperas de maicena. Tritúralo hasta que obtengas una bola compacta. Forma 4 hamburguesas del mismo diámetro que los bollos para hamburguesas.

Cuécelas durante 2 minutos por cada lado en el sartén con aceite. Resérvalas.

15 Corta la piña longitudinalmente con un cuchillo de sierra (el cuchillo del pan, por ejemplo). Con un cuchillo pequeño, traza el contorno de cada mitad de la piña, procurando no cortar la piel. Haz dos cortes a lo largo del tronco fibroso. Con una cuchara de sopa, retira los dos rectángulos de pulpa y tira el tronco fibroso. Corta la pulpa en dados.

16 En un sartén, calienta 1 cucharada sopera de aceite de oliva. Echa la mitad de la cebolla en juliana restante, todo el ajo picado restante y los chícharos restantes. Ralla el jengibre encima del sartén. Vierte 1 cucharada sopera de salsa de soya. Cuécelo durante 2 minutos y luego añade la piña y el arroz hervido y cuécelo durante 5 minutos más.

¡Todo listo! Deja que se enfríe.

Guarda en el refrigerador
* la cebolla cruda en juliana (se conserva durante 1 semana);
* la menta picada restante (se conserva durante 1 semana);
* el pepino rallado y escurrido (se conserva durante 1 semana);
* las hojas de lechuga lavadas (se conservan durante 1 semana);
* la sopa fría de calabacita (se conserva durante 2 días);
* la quiche de atún (se conserva durante 2 días);
* las dos mitades de la piña vacías, en un plato tapado con papel de aluminio (se conservan durante 4 días);
* el arroz salteado con piña y chícharos (se conserva durante 3 días);
* las hamburguesas de garbanzos (se conservan durante 5 días).

Guarda en el congelador
* el bizcocho salado de calabacita y jamón, en el mismo molde.

Resultado

Menú #2

Menú #2

Lunes

Entrada
Sopa fría de calabacitas

Plato principal
Quiche de atún
y tomate

Ingredientes: la sopa de calabacita, la quiche y algunas hojas de lechuga
Sirve la sopa de calabacita muy fría. Calienta la quiche durante 10 minutos en el horno precalentado a 180 °C (t. 6) y sírvela con unas cuantas hojas de lechuga.

Tiempo de cocción y de recalentamiento:
10 minutos
Tiempo de preparación:
1 minuto

Martes

Arroz salteado
con camarones y piña

Ingredientes: las dos mitades de la piña, el arroz salteado, los camarones congelados, la cebolla en juliana restante y aceite de oliva
En un sartén, calienta 1 cucharada sopera de aceite de oliva. Cuece los camarones durante 2 minutos por cada lado con un poco de sal. Añade el arroz salteado para calentarlo durante unos 5 minutos. Sirve el arroz con camarones en las dos mitades de la piña. Espolvoréalo con cebollas crudas. **Para el miércoles, saca del congelador el bizcocho salado de calabacita y jamón y déjalo en el refrigerador para que vaya descongelándose.**

Miércoles

Entrada
Tzatziki

Plato principal
Bizcocho salado de
calabacita y jamón

Tiempo de recalentamiento:
15 minutos
Tiempo de preparación:
5 minutos

Ingredientes: el pastel salado, el yogur griego, ⅔ del pepino rallado, la menta picada restante, 1 diente de ajo, el jugo de ½ limón, sal y pimienta
En un tazón grande para servir, echa ⅔ del pepino rallado, añade el yogur griego, la menta, el diente de ajo muy bien picado (idealmente, con el prensador para ajos), el jugo de ½ limón, sal y pimienta. Mézclalo. Guarda 4 cucharadas soperas de este *tzatziki* en un tazón en el refrigerador: será la salsa de las hamburguesas. Guarda el medio limón en el refrigerador, tapado con papel film.
Calienta el bizcocho salado en el horno precalentado a 180 °C (t. 6). Desmóldalo y sírvelo.

Jueves

Hamburguesas de garbanzos

Tiempo de recalentamiento:
5 minutos
Tiempo de preparación:
10 minutos

Ingredientes: los bollos para hamburguesas, la cátsup, el *tzatziki* restante, las hamburguesas de garbanzos, 1 tomate y 4 hojas de lechuga

Tuesta los bollos para hamburguesas en la tostadora o el horno. En un sartén, calienta las hamburguesas de garbanzos. Corta el tomate en rodajas. Corta las hojas de lechuga en tiras. Corta los bollos en dos. En la parte de abajo, unta un poco de cátsup, luego pon las tiras de lechuga, la hamburguesa de garbanzos, 1 cucharada sopera de *tzatziki* y 1 o 2 rodajas de tomate y, por último, la parte de arriba del panecillo. ¡Sírvelo!

Tiempo de cocción:
15 minutos
Tiempo de preparación:
10 minutos

Viernes

Ensalada de *farfalle* con salmón ahumado

Ingredientes: 200 g de *farfalle*, 1 tomate, el pepino rallado restante, la lechuga restante, los 3 aguacates, el filete de salmón ahumado, 1 lata de maíz, una taza de corazones de alcachofa, 3 cucharadas soperas de aceite de oliva, el medio limón, sal y pimienta

Hierve los *farfalle* siguiendo las indicaciones del paquete. Mientras tanto, corta los aguacates, el tomate y el salmón en dados. Corta en dos los corazones de alcachofa. Corta las hojas de lechuga en tiras. Escurre la pasta y ponla un momento debajo de la llave de agua fría. En una ensaladera, emulsiona el aceite de oliva con el jugo de limón, un poco de sal y de pimienta. Echa todos los ingredientes y mézclalos bien.

Estas indicaciones son las ideales si preparaste el menú para comer en casa. Pero si cocinaste para comer al día siguiente en el trabajo, en general bastará con que ultimes la preparación la noche antes y calientes la comida en el microondas de la oficina.

Otoño

Menú #1

Menú #1

Lista del súper
Menú #1

Verduras/Fruta

* 1 endivia
* 8 papas blancas
* 1 kg de espinacas congeladas
* 2 membrillos pequeños
* 1.2 kg de nabos (de cualquier tipo)
* 4 zanahorias
* 2 poros
* 1 manojo de cilantro
* 1 manojo de cebollín
* 5 dientes de ajo
* 5 cebollas blancas
* 2 cebollas moradas
* 1 limón pequeño orgánico

Carne/Pescado

* 1 kg de espaldilla de cordero deshuesada y cortada en trocitos (en la sección de carne preparada)
* 2 filetes de salmón (fresco o congelado)
* 4 rebanadas de salmón ahumado
* 150 g de taquitos de tocino (o de tofu ahumado)

Lácteos

* 1 l de leche entera
* 300 g de queso fresco
* 1 paquete de queso de cabra (de 120 a 180 g)
* 125 g de mantequilla
* 250 ml de crema líquida

Despensa básica

* 80 g de harina
* fécula de papa o de maíz
* nuez moscada
* aceite de oliva
* sal y pimienta

Varios

* 1 masa quebrada
* 1 paquete de lasaña fresca
* 1 lata de atún
* 1 taza de garbanzos
* 200 g de sémola de trigo (para el cuscús)
* 6 cucharadas soperas de miel
* comino molido
* canela molida
* *ras-el-hanut*

Miércoles

Entrada
Crema de espinacas
con queso fresco

Plato principal
Gratinado de papas,
poros, cebollas y
taquitos de tocino*

Lunes

Entrada
Cestitas de endivias
con *rillettes* de atún

Plato principal
Tarta *tatin* de nabos
con miel y queso
de cabra

Jueves

Kefta de cordero con
zanahorias, nabos y
garbanzos al comino

Martes

Tajín de cordero
con membrillo

Viernes

Lasaña de salmón
y espinacas

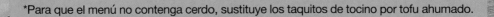

*Para que el menú no contenga cerdo, sustituye los taquitos de tocino por tofu ahumado.

Preparación
Menú #1

Antes de empezar

1) Si tienes suficiente espacio, saca todos los ingredientes que vas a utilizar en la sesión de cocina, menos la endivia y la sémola. Así lo tendrás todo a la mano y no perderás tiempo buscando los ingredientes en la alacena y el refrigerador.
2) Saca también todos los utensilios necesarios:
   * 2 charolas grandes para gratinar
   * 1 sartén grande
   * 1 olla grande
   * 1 cazuela
   * 1 molde de tarta
   * 1 pelador o 1 rallador pequeño (para el limón)
   * 1 robot de cocina (para triturar la carne de cordero de las bolitas)
   * 1 batidora de mano
   * 1 ensaladera grande
   * 1 tazón grande para las *rillettes* de atún
   * 1 botella de cristal de 1.5 l (para guardar la crema de espinacas)
   * 2 recipientes: 1 grande y 1 pequeño
   * papel vegetal, papel film, papel de aluminio y papel de cocina

¡A cocinar durante 2 horas!

1 Pela y corta en juliana todas las cebollas y todos los dientes de ajo. Resérvalo en tazones separados.

2 En una cazuela, derrite 20 g de mantequilla con 1 cucharada sopera de aceite de oliva. Añade la mitad de las cebollas blancas en juliana, la mitad de los dientes de ajo, ½ cucharadita de comino molido, ½ cucharadita de canela molida y 1 cucharadita de sal. Sofríelo durante 2 minutos. Añade los trozos de cordero y 3 cucharadas soperas de miel, mézclalo y vierte 200 ml de agua. Llévalo a ebullición, baja el fuego al mínimo y cuécelo a fuego lento, con la tapa puesta, durante 1 hora.

3 Mientras tanto, pela las papas, los nabos, las zanahorias y los membrillos. Lava los

poros y córtalos en láminas. Corta 3 papas en rodajas y 2 en dados grandes.

4 En un sartén grande, calienta 2 cucharadas soperas de aceite de oliva, echa la cebolla en juliana restante, el poro cortado en láminas, las rodajas de papa y 1 cucharadita de sal. Cuécelo con la tapa puesta, removiendo de vez en cuando, durante 30 minutos.

5 Prepara la bechamel (para dos recetas): en una olla grande, derrite 80 g de mantequilla. Añade 80 g de harina. Mézclalo con una cuchara de madera hasta que la mantequilla absorba la harina, formando una especie de masa. Vierte toda la leche fría de una vez. Cuécelo a fuego medio sin dejar de remover, hasta que la textura se espese (durante unos 10 minutos). Una vez fuera del fuego, sazónalo con 1 cucharadita de sal,

pimienta y nuez moscada molida. Reserva la bechamel en un recipiente grande.

6 Precalienta el horno a 180 °C (t. 6). Lava la olla grande, llénala hasta la mitad de agua con sal y llévala a ebullición. Mientras tanto, corta los membrillos en cuartos. Quita el corazón fibroso y las semillas, como si fueran manzanas.

7 Cuando hierva el agua, añade los nabos enteros y cuécelos durante 15 minutos. Corta los membrillos en trozos grandes y resérvalos.

8 En una charola grande para gratinar, echa el contenido del sartén con poros, cebollas y papas. En el mismo sartén, sin lavarlo, dora los taquitos de tocino (o el tofu ahumado) durante 2 minutos, a fuego alto. Échalo en la charola para gratinar, añade la crema líquida y mezcla bien los ingredientes. Recúbrelo

Menú #1

con ⅓ de la bechamel que preparaste. Hornéalo durante 30 minutos.

9 Escurre los nabos y ponlos debajo de la llave de agua fría. Córtalos en cuartos. Añade los membrillos troceados a la olla del cordero y alarga la cocción 20 minutos más.

10 Lava el sartén grande. Derrite 25 g de mantequilla con 1 cucharada sopera de aceite de oliva. Añade 3 cucharadas soperas de miel y ¾ de los nabos. Cuécelo con la tapa puesta durante 15 minutos, removiendo a media cocción. Cuécelo durante 10 minutos más, sin la tapa, hasta que se evapore todo el jugo y los nabos se hayan caramelizado.

11 Mientras se cuecen los nabos, pon las espinacas en una ensaladera grande y descongélalas en el microondas. Mientras tanto, en una olla, pon a hervir 350 ml de

agua con sal. Echa las papas cortadas en dados y cuécelas durante 10 minutos. Añade ⅓ de las espinacas descongeladas y cuécelo durante 5 minutos más. Echa sal al resto de las espinacas descongeladas. Ralla la piel del limón y luego exprímelo. Resérvalo.

12 En la base de un molde de tarta, pon un círculo de papel vegetal del mismo diámetro. Coloca los nabos caramelizados en círculo, bien apretados, y desmorona encima el paquete de queso de cabra. Recúbrelo con la masa quebrada, replegando los bordes. Con un cuchillo, haz algunos agujeros en la masa, para que durante la cocción pueda salir el vapor. Hornéalo durante 25 minutos.

13 En otra charola grande para gratinar, extiende una capa fina de bechamel.

15 En la olla de las espinacas y las papas, echa ⅔ del queso fresco y 2 trocitos de ajo. Tritúralo bien.

16 Quita el cordero, los membrillos y las cebollas de la olla. Lleva a ebullición el jugo para que se reduzca. Mientras tanto, prepara las *kefta* de cordero: separa la mitad de la carne de cordero. Ponla en el vaso de la batidora con el ajo picado restante, las cebollas moradas en juliana que quedan, ¼ del manojo de cilantro, 1 cucharadita de sal, pimienta, ½ cucharadita de *ras-el-hanut* y 1 cucharada sopera de fécula. Tritúralo y luego forma bolitas con las manos. En un sartén, calienta un poco de aceite y cuece las bolitas durante 10 minutos, removiendo a menudo. Vuelve a poner el resto de cordero con membrillo en la olla con el jugo reducido. Échale un poco de cilantro picado.

17 Prepara las *rillettes* de atún mezclando en un tazón el queso fresco restante con la lata de atún escurrido, el manojo de cebollín picado y la ralladura de limón.

Cúbrela con una hilera de hojas de lasaña. Recúbrelas con ⅓ de las espinacas restantes, trozos de salmón (de una rebanada de salmón ahumado desmenuzada), jugo de limón y, encima de todo, un poco de bechamel. Repite la operación hasta que se te acaben los ingredientes. Hornéalo durante 30 minutos, debajo de la tarta *tatin*.

14 En el mismo sartén de los nabos, sin necesidad de lavarlo, echa 2 cucharadas soperas de aceite de oliva y la mitad de las cebollas moradas en juliana. Añade un poco de sal y deja que se dore. Mientras tanto, corta las zanahorias en rodajas. Añádelas al sartén con los nabos restantes y ½ cucharadita de comino. Cuécelo durante 20 minutos. Al final de la cocción, añade los garbanzos escurridos y mézclalo bien.

¡Todo listo! Deja que se enfríe.

Guarda en el refrigerador

* las *rillettes* de atún;
* la tarta *tatin,* en el mismo molde, tapada con papel de aluminio;
* el tajín de cordero (se conserva durante 2 días);
* el cilantro restante, envuelto con papel de cocina, en una bolsa hermética.

Guarda en el congelador

* el tajín de cordero, si vas a consumirlo a partir de 2 días después de prepararlo;
* la crema de espinacas, en un contenedor grande, dejando un poco de espacio;
* el gratinado de papas y poros, en la misma charola para gratinar, tapado con papel film;
* las *kefta* de cordero con los nabos, las zanahorias y los garbanzos, un recipiente grande hermético;
* la lasaña de salmón y espinacas, en la misma charola para gratinar, tapada con papel film.

Resultado

Menú #1

Menú #1

Lunes

Tiempo de recalentamiento:
10 minutos
Tiempo de preparación:
2 minutos

Entrada
Cestitas de endivias
con *rillettes* de atún

Plato principal
Tarta *tatin* de nabos
con miel y queso de
cabra

Ingredientes: las *rillettes* de atún, la endivia y la tarta *tatin*
Separa las hojas de la endivia y encima de cada una pon
un poco de *rillettes* de atún.
Calienta la tarta *tatin* en el horno precalentado a 160 ºC
(t. 5-6).
Para el martes, si congelaste el tajín de cordero
con membrillo, sácalo del congelador y déjalo en el
refrigerador para que vaya descongelándose.

Tiempo de recalentamiento:
15 minutos
Tiempo de cocción:
5 minutos
Tiempo de preparación:
1 minuto

Martes

Tajín de cordero
con membrillo

Ingredientes: el tajín de cordero, 200 g de sémola de trigo
y la mitad del cilantro restante
Calienta el tajín en la misma olla. Cuece la sémola siguiendo
las indicaciones del paquete. Sirve la sémola en los platos,
recúbrela con tajín de cordero y espolvoréalo con cilantro
picado.
Para el miércoles, saca del congelador la crema de
espinacas y el gratinado de papas, poros, cebollas y
taquitos de tocino y déjalo en el refrigerador para que
vaya descongelándose.

Estas indicaciones son las ideales si preparaste el menú para comer en casa. Pero si
cocinaste para comer al día siguiente en el trabajo, en general bastará con que ultimes la
preparación la noche antes y calientes la comida en el microondas de la oficina.

servir?

Tiempo de recalentamiento:
15 minutos

Miércoles

Entrada
Crema de espinacas
con queso fresco

Plato principal
Gratinado de papas,
poros, cebollas
y taquitos de tocino

Ingredientes: la crema de espinacas y el gratinado
Calienta el gratinado al horno precalentado a 160 °C (t. 5-6)
y la crema de espinacas en una olla. ¡Sírvelo!
Para el jueves, saca del congelador las *kefta* de cordero
con zanahorias, nabos y garbanzos al comino y déjalo
en el refrigerador para que vaya descongelándose.

Jueves

Kefta **de cordero con**
zanahorias, nabos y
garbanzos al comino

Tiempo de recalentamiento:
15 minutos

Ingredientes: las *kefta* de cordero con zanahorias, nabos y
garbanzos al comino y el cilantro restante
Calienta la comida en un sartén. Espolvoréala con
cilantro picado.
Para el viernes, saca del congelador la lasaña de
salmón y espinacas y déjala en el refrigerador para
que vaya descongelándose.

Tiempo de recalentamiento:
15 minutos

Viernes

Lasaña de salmón
y espinacas

Ingredientes: la lasaña de salmón y espinacas
Calienta la lasaña en el horno precalentado a 160 °C (t. 5-6).
¡Sírvela!

Menú #2

Carrito del súper
Menú #2

Lista del súper
Menú #2

Carne/Pescado

* 3 muslos de pollo
* 4 filetes de merluza congelados
* 4 rebanadas de jamón dulce (o de pechuga de pavo)

Verduras/Fruta

* 2 kg de calabaza
* 800 g de papas pequeñas
* 1 brócoli
* 2 zanahorias
* 1 charolita de tomates *cherry*
* 1 rama de apio
* 1 manojo de cilantro
* 6 dientes de ajo
* 6 cebollas blancas
* 6 echalotes

Lácteos

* 1 bolsa de parmesano rallado (100 g)
* 400 ml de crema fresca
* entre 70 y 100 g de gruyer rallado
* 125 g de mantequilla
* 330 ml de crema líquida

Despensa básica

* harina
* vinagre de vino
* aceite de oliva
* sal y pimienta

Varios

* 1 pasta de hojaldre
* 250 g de macarrones
* 250 g de arroz blanco o semiintegral
* 1 taza de alubias rojas (unos 400 g de peso neto)
* 1 bote de tomates enteros pelados (400 ml)
* 200 g de sémola (para el cuscús)
* jengibre molido
* canela molida
* comino molido
* cúrcuma molida
* curri en polvo
* tomillo
* 1 puñado de semillas de calabaza

Lunes

Entrada
Cestitas de hojaldre
con tomates *cherry,*
parmesano, semillas de
calabaza y tomillo

Plato principal
Chili vegetariano

Martes

Cuscús de pollo
con calabaza

Miércoles

Macarrones gratinados
con jamón* y brócoli

Jueves

Crumble salado
de pollo y verduras

Viernes

Entrada
Crema de calabaza
y curri

Plato principal
Merluza con salsa
de echalotes y papas
al vapor

*Para que el menú no contenga cerdo, sustituye el jamón por pechuga de pavo.

Preparación
Menú #2

Antes de empezar

1) Si tienes suficiente espacio, saca todos los ingredientes que vas a utilizar en la sesión de cocina, menos las papas, la merluza, la pasta de hojaldre, el arroz integral y la sémola. Así lo tendrás todo a la mano y no perderás tiempo buscando los ingredientes en la alacena y el refrigerador.
2) Saca también todos los utensilios necesarios:
   * 1 charola para el horno
   * 2 charolas para gratinar
   * 1 sartén grande
   * 1 olla grande
   * 1 olla pequeña
   * 1 cazuela
   * 1 batidora de mano
   * 1 espumadera
   * 1 ensaladera grande
   * 1 ensaladera pequeña
   * 3 tazones pequeños
   * 1 botella de cristal de 1.5 l (para guardar la crema de calabaza)
   * 2 recipientes: 1 grande y 1 pequeño
   * papel de cocina, papel de aluminio y papel film

¡A cocinar durante 1 hora y 50 minutos!

1 En el sartén grande, calienta 2 cucharadas de aceite de oliva. Añade los muslos de pollo por el lado de la piel. Pon la tapa y deja que se doren durante 10 minutos.

2 Pela y corta en juliana las cebollas, los echalotes y los dientes de ajo. Resérvalos en tres tazones distintos.

3 Deja en remojo el cilantro en el escurridor de ensalada lleno de agua durante 5 minutos. Vacía el agua y sécalo bien. Guárdalo en un recipiente de cristal entre 2 hojas de papel de cocina. Así se puede conservar en el refrigerador durante 1 semana.

4 Apaga el fuego del pollo. Pela las zanahorias y lava la rama de apio. Córtalo

todo en daditos. Da la vuelta a los muslos de pollo, intentando no salpicarte. Añade ¼ de las cebollas, ¼ del ajo y todos los daditos de zanahorias y de apio. Échale sal, ½ cucharadita de canela y ½ cucharadita de jengibre; vuelve a encender el fuego. Vierte 1 vaso grande de agua, pon la tapa y cuécelo a fuego lento durante 35 minutos.

<u>5</u> Empieza a preparar el chili vegetariano: en la cazuela, calienta 2 cucharadas soperas de aceite de oliva, añade ⅓ del resto de las cebollas blancas, ⅓ del ajo y 1 cucharada sopera de sal. Sofríelo a fuego lento, con la tapa puesta, durante 10 minutos.

<u>6</u> Mientras tanto, quita las semillas de la calabaza, pélala y córtala en dados. Echa 1 puñado en la charola para gratinar en la que prepararás el *crumble.* Reserva el resto en una ensaladera grande.

<u>7</u> En la cazuela, añade el bote de tomates enteros pelados, ½ cucharadita de cúrcuma y ½ cucharadita de comino. Cuécelo durante 15 minutos más.

<u>8</u> Pon a hervir una olla grande de agua con sal. Mientras tanto, lava el brócoli y córtalo en ramilletes. Échalo en la olla y cuécelo durante 10 minutos.

<u>9</u> Precalienta el horno a 180 °C (t. 6). Prepara la «masa» del *crumble* mezclando, en una ensaladera pequeña, 150 g de harina, 125 g de mantequilla, 60 g de parmesano, 1 pizca de tomillo y la mitad de las semillas de calabaza. Resérvalo.

<u>10</u> Con una espumadera, saca el brócoli hervido de la olla y echa los 250 g de macarrones. Deben quedar *al dente.*

Menu #2

11 Escurre las alubias rojas. Échalas en la cazuela. Mézclalo bien y apaga el fuego.

12 Quita 1 muslo de pollo del sartén y deja que se enfríe en un plato. Corta los tomates *cherry* en dos. Echa la mitad en la charola para gratinar que contiene los cubos de calabaza. Añade ⅓ de los ramilletes de brócoli, la mitad de la cebolla y del ajo restantes y un poco de sal. Desmenuza la carne de pollo en la charola. Mézclalo todo. Recúbrelo con la «masa». Hornéalo durante 30 minutos.

13 En una olla pequeña, vierte ½ vaso de vinagre de vino y todos los echalotes. Cuécelo a fuego lento durante unos 15 minutos, hasta que el vinagre se haya evaporado casi por completo.

14 Escurre los macarrones y ponlos en la segunda charola para gratinar. Añade el

brócoli restante, la crema líquida y la mitad del ajo restante. Corta el jamón en daditos, añádelo a la charola, salpimiéntalo y mézclalo bien. Recúbrelo con el gruyer rallado y hornéalo durante 15 minutos. Lava la olla, llénala de agua hasta la mitad y ponla a hervir.

15 En el sartén de los muslos de pollo, añade ⅓ de los dados de calabaza. Cuécelo durante 10 minutos más.

16 En la olla con agua, echa la calabaza, el ajo y la cebolla restantes. Cuécelo durante 15 minutos.

17 En la olla pequeña de los echalotes, añade ⅔ de la crema fresca y salpimiéntalo. Resérvalo fuera del fuego.

18 Saca la pasta de hojaldre del refrigerador, extiéndela y corta unos 12 cuadrados de

10 cm de lado. Llena el centro de cada cuadrado con 3 mitades de tomate *cherry* y dobla las 4 esquinas hacia el interior, pegándolas entre sí. Espolvoréalos con el parmesano restante, tomillo y semillas de calabaza. Pon las cestitas de hojaldre en la charola para el horno, recubierta con papel vegetal, y hornéalas durante 10 minutos.

19 En la olla grande de la calabaza, vierte el resto de la crema líquida y ½ cucharadita de curri. Tritúralo bien.

¡Todo listo! Deja que se enfríe.

Guarda en el refrigerador

* las cestitas de hojaldre con tomates *cherry,* en la misma bandeja para el horno, tapada con papel de aluminio (se conservan durante 2 días);
* el chili vegetariano, en la misma cazuela (se conserva durante 3 días);
* el pollo con calabaza (se conserva durante 2 días);
* el cilantro en el contendor hermético (se conserva durante 1 semana).

Guarda en el congelador

* el pollo con calabaza, si vas a consumirlo a partir de 2 días después de prepararlo;
* la crema de calabaza, en un contenedor grande, dejando un poco de espacio;
* los macarrones gratinados con jamón y brócoli, en la misma charola para gratinar, tapada con papel film;
* el *crumble* salado de pollo y verduras, en la misma charola para gratinar, tapada con papel film;
* la salsa de chalotas, en echalotes, en un recipiente hermético.

Resultado
Menú #2

Menú #2

Lunes

Tiempo de recalentamiento:
10 minutos
Tiempo de cocción:
10 minutos
Tiempo de preparación:
1 minuto

Entrante
Cestitas de hojaldre con tomates *cherry*, parmesano, semillas de calabaza y tomillo

Plato principal
Chili vegetariano

Ingredientes: las cestitas de hojaldre, el chili vegetariano, 250 g de arroz y la mitad del cilantro
Hierve el arroz siguiendo las indicaciones del paquete.
Calienta las cestitas de hojaldre en el horno precalentado a 160 °C (t. 5-6).
Calienta el chili vegetariano en la misma cazuela. Sírvelo con el arroz, espolvoreado con cilantro.
Para el martes, si congelaste el cuscús de pollo con calabaza, sácalo del congelador y déjalo en el refrigerador para que vaya descongelándose.

Tiempo de recalentamiento:
15 minutos
Tiempo de cocción:
5 minutos
Tiempo de preparación:
1 minuto

Martes

Cuscús de pollo con calabaza

Ingredientes: el pollo con calabaza, 200 g de sémola de trigo y el cilantro restante
Calienta el pollo con calabaza en un sartén. Cuece la sémola siguiendo las indicaciones del paquete. Sirve la sémola en los platos, recúbrela con el pollo y la calabaza y espolvoréalo con el cilantro picado.
Para el miércoles, saca del congelador los macarrones gratinados y déjalos en el refrigerador para que vayan descongelándose.

Miércoles

Tiempo de recalentamiento:
15 minutos

Macarrones gratinados con jamón y brócoli

Ingredientes: los macarrones gratinados con jamón y brócoli
Calienta los macarrones gratinados en el horno precalentado a 160 °C (t. 5-6). ¡Sírvelos!
Para el jueves, saca del congelador el *crumble* salado de pollo y verduras y déjalo en el refrigerador para que vaya descongelándose.

Jueves

Crumble salado
de pollo y verduras

Tiempo de recalentamiento:
15 minutos

Ingredientes: el *crumble* salado de pollo y verduras
Calienta el *crumble* salado en el horno recalentado a
160 °C (t. 5-6). ¡Sírvelo!
**Para el viernes, saca del congelador la crema
de calabaza y curri y la salsa de echalotes y déjalas
en el refrigerador para que vayan descongelándose.**

Tiempo de recalentamiento:
15 minutos
Tiempo de cocción:
15 minutos
Tiempo de preparación:
2 minutos

Viernes

**Entrada
Crema de calabaza
y curri**

**Plato principal
Merluza con salsa
de echalotes y papas
al vapor**

Ingredientes: las papas, los filetes de merluza congelados,
la crema de calabaza y la salsa de echalotes
Cuece al vapor las papas enteras con la piel durante
15 minutos. Haz los filetes de merluza siguiendo las
indicaciones del paquete. Mientras tanto, calienta la
crema de calabaza y curri en una olla grande y la salsa de
echalotes en una olla pequeña. Sirve la merluza y las papas
junto con la salsa de echalotes.

Estas indicaciones son las ideales si preparaste el menú para comer en casa. Pero si
cocinaste para comer al día siguiente en el trabajo, en general bastará con que ultimes la
preparación la noche antes y calientes la comida en el microondas de la oficina.

Invierno

Menú #1

Carrito del súper

Menú #1

Lista del súper

Menú #1

Carne/Pescado

* 4 *magrets* o filetes pequeños de pato (o de anadina)
* 1 paquete de callos de hacha congeladas pequeños

Verduras/Fruta

* 1 apio nabo pequeño
* 1 chirivía
* 1 brócoli grande
* 3 naranjas ecológicas
* 3 naranjas sanguinas
* 1 kg de papas blancas
* 1 calabaza *potimarron* pequeña
* 1 zanahoria
* 1 puñado (o 1 bolsita) de germinado de soya
* 1 manojo de perejil
* 1 cebolla blanca
* 5 cm de jengibre
* 1 echalote
* 7 dientes de ajo

Lácteos

* 2 × 400 ml de crema líquida
* 1 bote pequeño de crema fresca
* 1 l de leche semidescremada
* 1 queso de cabra fresco

Varios

* 4 huevos
* 1 paquete de fideos de trigo chinos
* 1 taza de garbanzos
* 200 g de quinoa
* 250 g de espaguetis
* miel líquida
* 60 g de avellanas crudas o tostadas (pero no saladas)
* tomillo
* una mezcla de pimienta (negra o blanca) molida, nuez moscada molida, clavo molido y jengibre molido
* salsa de soya
* 1 vaso de vino blanco

Despensa básica

* aceite de oliva
* nuez moscada
* maicena
* curri
* comino
* sal y pimienta

Lunes

Entrada
Crema de apio nabo
y chirivía con callo de
hacha

Plato principal
Quiche sin masa de
queso de cabra y
brócoli

Martes

Magret de pato con
naranja y gratinado
delfinés

Miércoles

Entrada
Ensalada de garbanzos
con naranja

Plato principal
Quinoa con calabaza
potimarron asada,
queso de cabra
y avellanas

Jueves

Wok de fideos chinos
con pato y verduras

Viernes

Espaguetis con callo de
hacha

Preparación

Menú #1

Antes de empezar

1) Si tienes suficiente espacio, saca todos los ingredientes que vas a utilizar en la sesión de cocina, menos el germinado de soya, los *magrets* de pato, los callos de hacha, el bote de crema fresca, los fideos chinos, los garbanzos, los espaguetis, la mezcla de especias y el vino blanco. Así lo tendrás todo a la mano y no perderás tiempo buscando los ingredientes en la alacena y el refrigerador.

2) Saca también todos los utensilios necesarios:
   * 1 olla mediana
   * 1 olla grande
   * 1 ensaladera
   * 2 charolas para gratinar
   * 1 molde de pastel redondo
   * 1 batidora de mano
   * 9 recipientes: 1 grande, 2 medianos, 5 pequeños y 1 de cristal para guardar las avellanas tostadas
   * papel de cocina

¡A cocinar durante 2 horas!

1 Precalienta el horno a 160 °C (t. 5-6). Pela las papas. Con una mandolina o un robot de cocina, córtalas en láminas muy finas. No las laves. Pela 4 dientes de ajo, pícalos y resérvalos en un tazón pequeño.

2 En una charola para gratinar, dispón la mitad de las láminas de papa. Espolvoréalas con sal, nuez moscada rallada y ½ cucharadita del ajo picado. Recúbrelas con el resto de las papas y espolvoréalas también con sal y nuez moscada rallada. Vierte 200 ml de crema líquida y 500 ml de leche. Hornéalo en la parte de abajo del horno durante 1 hora y 30 minutos.

3 Pon a hervir una olla mediana de agua con sal. Corta el brócoli en ramilletes. Echa ⅔ en el agua hirviendo. Cuécelos durante 10

minutos. Guarda el resto de los ramilletes en un contenedor mediano.

4 Prepara el relleno de la quiche: en una ensaladera, bate 4 huevos, añade 400 ml de crema líquida, ½ cucharadita de ajo, 1 cucharada sopera de maicena, sal y pimienta. Corta en dados la mitad del queso de cabra. Escurre los ramilletes de brócoli. Echa el brócoli hervido y los dados de queso en el molde de pastel y recúbrelos con el relleno de la quiche. Hornéalo en la parte superior del horno durante 40 minutos.

5 En una olla grande, vierte los 500 ml restantes de leche y 2 vasos de agua. Añade sal y ponlo a hervir. Pela el apio nabo y la chirivía. Córtalos en daditos. Échalos en la olla y cuécelos durante 20 minutos.

6 Corta en trocitos la corteza de las naranjas orgánicas, acaba de pelarlas y separa los gajos, retirando las membranas blancas. Guarda las membranas al fondo de un recipiente hermético pequeño. Coloca encima los gajos y la cáscara de la naranja.

Menú #1

7 Separa los gajos y exprime el jugo de las naranjas sanguinas (puedes tirar la cáscara), y guárdalo en un recipiente hermético pequeño.

8 Pon a hervir una olla mediana de agua con sal. En un colador fino, lava bien la quinoa. Cuécela durante 15 minutos y escúrrela.

9 Lava la calabaza *potimarron.* Con un cuchillo grande, córtala por la mitad (conservando la piel, que es comestible). Tira las semillas. Corta la calabaza en rodajas y luego en dados. Echa los dados en una charola para el horno con 3 dientes de ajo enteros, 1 cucharada sopera de tomillo, 3 cucharadas soperas de aceite de oliva, sal y pimienta. Ponla en la parte de arriba del horno durante 30 minutos a 200 °C (t. 6-7).

10 Pela la zanahoria y córtala en juliana (en bastoncitos finos). Guárdala en el mismo recipiente de los ramilletes de brócoli.

11 Pela el echalote y córtalo en juliana. Guárdalo en un recipiente hermético pequeño con la mitad del ajo picado restante.

12 Pela la cebolla blanca y córtala en juliana. Pela y pica el jengibre. Guárdalo en un contenedor hermético con el ajo picado restante.

13 En otro contenedor hermético, mezcla 4 cucharadas soperas de salsa de soya y 4 cucharadas soperas de miel líquida.

14 Con una batidora de mano, tritura la crema de apio nabo y chirivía con la crema líquida restante y ½ cucharadita de curri.

15 Lava y seca bien el perejil. Guárdalo en un recipiente grande entre 2 hojas de papel de cocina.

16 Si compraste las avellanas crudas, tuéstalas en el horno durante 5 minutos. Pícalas un poco y guárdalas en un contenedor de cristal.

¡Todo listo! Deja que se enfríe.

Guarda en el refrigerador

* la quinoa hervida (se conserva durante 3 o 4 días);
* la crema de apio nabo y chirivía, en la misma olla (se conserva durante 3 días);
* la quiche sin masa de queso de cabra y brócoli (se conserva durante 3 días);
* el gratinado delfinés (se conserva durante 3 días);
* los gajos, la corteza y el jugo de las naranjas orgánicas;
* los gajos y el jugo de las naranjas sanguinas;
* la calabaza *potimarron* asada, en la misma charola para el horno (se conserva durante 4 días);
* la zanahoria en juliana y el brócoli restante (se conservan durante 1 semana);
* la cebolla en juliana con el ajo y el jengibre (se conservan durante 1 semana);
* el echalote en juliana con el ajo (se conservan durante 1 semana);
* la mezcla de miel y salsa de soya (se conserva durante 1 semana);.
* el perejil (se conserva durante 1 semana).

Guarda fuera del refrigerador

* las avellanas tostadas picadas.

En este menú no hace falta congelar nada.

Resultado
Menú #1

¿Qué debes hacer antes de

Menú #1

Lunes

Entrada
**Crema de apio nabo
y chirivía con callos de
hacha**

**Plato principal
Quiche sin masa
de queso de cabra
y brócoli**

Tiempo de recalentamiento:
15 minutos
Tiempo de cocción:
1 minuto
Tiempo de preparación:
1 minuto

Ingredientes: la crema de apio nabo y chirivía, ¼ del paquete de callos de hacha pequeños, 4 ramitas de perejil, curri y aceite de oliva; la quiche sin masa

Calienta la crema de verduras en la misma olla a fuego lento. Cuando esté lista, en un sartén pequeño, calienta 1 cucharada sopera de aceite de oliva. Fríe los callos de hacha durante 30 segundos por cada lado a fuego alto. Échales sal y una pizca de curri. Reparte los callos de hacha entre los comensales, sirviéndolas encima de la crema de apio nabo y chirivía con un poco de perejil. Precalienta el horno a 160 ºC (t. 5-6). Calienta la quiche durante 10 minutos.

Tiempo de recalentamiento:
10 minutos
Tiempo de cocción:
10 minutos
Tiempo de preparación:
5 minutos

Martes

Magret **de pato con
naranja y gratinado
delfinés**

Ingredientes: los 4 *magrets* de pato, el recipiente con los gajos, el jugo y la cáscara de las naranjas orgánicas, la mitad del recipientede la miel y la salsa de soya, una mezcla de pimienta (negra o blanca) molida, nuez moscada molida, clavo molido y jengibre molido; el gratinado delfinés
Precalienta el horno a 160 ºC (t. 5-6) y calienta el gratinado delfinés durante 10 minutos.
Mientras tanto, cuadricula los *magrets* de pato con la punta de un cuchillo. Calienta un sartén grande sin añadir ninguna materia grasa. Dispón los *magrets* por el lado de la piel y cuécelos durante 7 minutos a fuego alto. Retira la grasa sobrante, luego da la vuelta a los *magrets* y alarga la cocción 3 minutos más a fuego medio. Añade al sartén ½ cucharadita de la mezcla de especias y disuélvela con el jugo de naranja y la mitad del recipiente de la miel y la salsa de soya. Deja que hierva durante 30 segundos e interrumpe la cocción. Reserva 1 *magret* de pato para la receta del jueves. Corta los otros 3 *magrets* en rebanadas finas, disponlas en una charola, recúbrelas con la cáscara de naranja, vierte por encima la salsa muy caliente y decóralo con los gajos de naranja.

Estas indicaciones son las ideales si preparaste el menú para comer en casa. Pero si cocinaste para comer al día siguiente en el trabajo, en general bastará con que ultimes la preparación la noche antes y calientes la comida en el microondas de la oficina.

servir?

Tiempo de recalentamiento:
10 minutos
Tiempo de preparación:
3 minutos

Miércoles

Entrada
Ensalada de garbanzos con naranja

Plato principal
Quinoa con calabaza *potimarron* asada, queso de cabra y avellanas

Ingredientes: los garbanzos, los gajos y el jugo de las naranjas sanguinas, comino, 10 ramitas de perejil, aceite de oliva, sal y pimienta; la quinoa hervida, los dados de calabaza *potimarron* asada, el queso de cabra restante y las avellanas tostadas

Escurre los garbanzos. Ponlos en una ensaladera. Añade el jugo y los gajos de naranja, ½ cucharadita de comino, 3 cucharadas soperas de aceite de oliva, sal y pimienta. Pica el perejil. Mézclalo todo bien y sírvelo.

Precalienta el horno a 180 ºC (t. 6) y calienta los dados de calabaza *potimarron* durante 10 minutos. Calienta la quinoa en el microondas y echa por encima los dados de calabaza con su jugo. Corta en dados el queso de cabra y espolvoréalo con avellanas tostadas.

Jueves

Wok de fideos chinos con pato y verduras

Tiempo de cocción:
10 minutos
Tiempo de preparación:
5 minutos

Ingredientes: el paquete de fideos chinos, las zanahorias en juliana, los ramilletes de brócoli, el germinado de soya, el recipiente con la cebolla, el ajo y el jengibre, el resto de *magret* de pato, el resto del recipiente de la miel y la salsa de soya, aceite de oliva

Sumerge los fideos chinos en un recipiente con 2 l de agua muy caliente durante 4 minutos. En un sartén, calienta 3 cucharadas de aceite de oliva. Añade la cebolla en juliana, el ajo, el jengibre, las zanahorias en juliana y los ramilletes de brócoli. Cuécelo a fuego alto durante 4 minutos. Corta el *magret* en trozos muy finos, quitando la parte grasa. Añádelo al sartén junto con el germinado de soya. Cuécelo durante 2 minutos. Echa los fideos chinos escurridos y el contenido del recipiente con la miel y la salsa de soya. ¡Sírvelo!

Tiempo de cocción:
15 minutos
Tiempo de preparación:
5 minutos

Viernes

Espaguetis con callo de hacha

Ingredientes: 250 g de espaguetis, los callos de hacha congelados restantes, el resto del perejil, el bote pequeño de crema fresca, el vaso de vino blanco, el contenedor pequeño con echalote y ajo, aceite de oliva, sal y pimienta

Hierve los espaguetis. En un sartén, calienta 1 cucharada sopera de aceite de oliva, añade el echalote, el ajo y ½ cucharadita de sal. Sofríelo a fuego lento durante 3 minutos, añade las almejas y cuécelas durante 1 minuto por cada lado a fuego alto. Resérvalas. Disuelve el contenido del sartén con el vaso de vino blanco y luego añade la crema fresca y espolvoréalo con el perejil picado. Echa los espaguetis en el sartén y luego las almejas. Mézclalo todo bien. ¡Sírvelo!

Menú #2

Menú #2

Lista del súper

Menú #2

Carne/Pescado

* 600 g de filetes de pescadilla fresca
* 800 g de espaldilla de cerdo baja en sal
* 1 salchicha ahumada
* 4 rebanadas de jamón
* 150 g de taquitos de tocino ahumado
* 4 filetes gruesos de res

Verduras/Fruta

* 10 zanahorias
* 2 nabos
* 1 colinabo
* 1.5 kg de papas rojas
* 1 betabel hervido al vacío
* 1 lechuga hoja de roble
* 1 manojo de perejil
* 6 cebollas blancas
* 3 dientes de ajo

Lácteos

* 2 × 400 ml de crema líquida
* 1 paquete de queso *comté* rallado
* ½ queso *reblochon*
* 150 g de roquefort

Despensa básica

* 3 hojas de laurel
* maicena
* mostaza
* vinagre de vino
* aceite de oliva
* aceite de girasol
* sal y pimienta

Varios

* 6 huevos
* 400 g de lentejas verdes
* 250 g de arroz
* 8 rebanadas grandes de pan de caja
* 1 limón confitado
* 1 vaso de vino blanco
* 1 cucharada sopera de alcaparras
* 4 pepinillos

Panadería

* 4 bollos en forma de magdalena

Lunes

Lentejas con cerdo salado

Martes

Tartiflette y *crudités*

Miércoles

Entrada
Bollos rellenos

Plato principal
Albóndigas de pescadilla con verduras de invierno

Jueves

Entrada
Ensalada tibia de lentejas con salsa *gribiche*

Plato principal
Filete de res con salsa de roquefort

Viernes

Croque-monsieur

Preparación
Menú #2

Antes de empezar

1) Si tienes suficiente espacio, saca todos los ingredientes que vas a utilizar en la sesión de cocina, menos el betabel, el jamón, los filetes de res, 1 bote de crema líquida, el queso *comté* rallado, el arroz, el pan de caja, las alcaparras y los pepinillos. Así lo tendrás todo a la mano y no perderás tiempo buscando los ingredientes en la alacena y el refrigerador.

2) Saca también todos los utensilios necesarios:
   * 1 cazuela
   * 1 olla muy grande
   * 1 olla pequeña
   * 1 olla grande
   * 2 sartenes
   * 1 charola para el horno (para la *tartiflette*)
   * 1 procesador de alimentos
   * 1 escurridor de ensalada (o un trapo de cocina limpio)
   * papel de cocina y papel vegetal
   * 7 recipientes: 3 grandes, 2 medianos y 2 pequeños

¡A cocinar durante 2 horas y 5 minutos!

1 Debajo de la llave, lava con abundante agua fría la espaldilla de cerdo para desalarla. Déjala remojando durante 5 minutos en una ensaladera grande llena de agua fría.

2 Pela las 6 cebollas. Guarda 1 entera y corta en juliana las otras 5. Resérvalas en un tazón grande.

3 Pon la espaldilla de cerdo en una cazuela y recúbrela con abundante agua fría. Añade la cebolla entera y 2 hojas de laurel. Llévalo a ebullición, espúmalo y luego baja el fuego y cuécelo durante 1 hora y 30 minutos.

4 Mientras tanto, pon los taquitos de tocino y 3 cucharadas soperas de cebolla en

juliana en un sartén. Cuécelo a fuego medio durante 10 minutos.

5 Precalienta el horno a 180 °C (t. 6). Pela y pica los dientes de ajo. Resérvalos en un tazón pequeño.

6 Pela las papas. Córtalas en láminas finas. En la charola para la *tartiflette,* reparte la mitad de las láminas de papas, añade ½ cucharadita de ajo y la mezcla de cebolla con taquitos de tocino. Recúbrelo con el resto de las papas laminadas, vierte ¾ de un vaso de vino blanco, 330 ml de crema líquida, echa un poco de sal y abundante pimienta. Corta el queso *reblochon* por la mitad y ponlo en medio de la charola, con la corteza hacia arriba. Hornéalo durante 50 minutos.

7 En una cazuela o una olla pequeña, calienta 2 cucharadas soperas de aceite de oliva. Añade las cebollas restantes, la mitad del ajo y 1 cucharadita de sal. Sofríelo a fuego lento durante 10 minutos.

8 Pela las zanahorias. Corta 8 en rodajas y 2 en juliana (en bastoncitos finos).

9 Vierte el resto del vino blanco en la cazuela y deja que se evapore. Añade las zanahorias y 2 vasos de agua.

10 Pela los nabos y el colinabo. Córtalos en dados, menos la mitad del colinabo, que debes cortar en juliana. Añade estos dados de verduras a la cazuela, en un lado, sin remover, y cuécelo durante 20 minutos. Guarda el colinabo en juliana en un recipiente hermético con las zanahorias en juliana.

11 Añade la salchicha ahumada a la cazuela de la espaldilla de cerdo.

Menú #2

12 Pon a hervir una olla grande de agua (sin sal). Lava las lentejas. Cuécelas durante 20 minutos con 1 hoja de laurel.

13 Corta la parte superior del bollo y quita el migajón. Guarda los bollos vaciados en una bolsa hermética en el refrigerador.

14 Lava el perejil y sécalo bien con un escurridor de ensalada o un trapo de cocina limpio. Lava y seca bien la lechuga de la misma manera. Guarda el perejil y la lechuga en dos recipientes herméticos grandes entre hojas de papel de cocina.

15 Prepara las albóndigas de pescadilla: quita las espinas de los filetes de pescado. En el vaso del robot de cocina, echa el migajón de los bollos, los filetes de pescadilla, la pulpa de medio limón

confitado, ½ cucharadita de ajo, 2 ramitas de perejil, sal y pimienta. Tritúralo hasta que se forme una bola. Haz las albóndigas entre las palmas de las manos.

16 Saca de la cazuela de las verduras los dados de nabo y de colinabo, así como algunas rodajas de zanahoria, y ponlo en una olla grande. Añade 1 cucharón del jugo de cocción y la mitad del limón confitado restante. Coloca encima las albóndigas de pescadilla, pon la tapa y cuécelo durante 10 minutos.

17 Escurre las lentejas. Echa la mitad en la cazuela de la zanahoria. Añade la espaldilla y la salchicha cocidas y troceadas con 1 cucharón del agua de cocción. Cuécelo durante 10 minutos. Guarda el resto de las lentejas hervidas en un recipiente mediano.

18 Prepara la salsa de roquefort: en una olla pequeña, derrite a fuego lento el roquefort cortado en daditos. Añade el resto de la crema líquida y el ajo restante, llévalo a ebullición y después baja el fuego. Añade 1 cucharada sopera de maicena, un poco de sal y abundante pimienta. Viértelo en un recipiente hermético (para congelarlo). Lava la olla.

19 Pon a hervir agua en una olla pequeña. Cuece 2 huevos durante 10 minutos.

20 Prepara una vinagreta abundante, mezclando 2 cucharadas soperas de mostaza, 3 cucharadas soperas de vinagre, 1 cucharadita de sal y un poco de pimienta, y luego emulsiónalo vertiendo poco a poco 6 cucharadas soperas de aceite de oliva.

¡Todo listo! Deja que se enfríe.

Guarda en el refrigerador

* las lentejas con cerdo salado, en la misma cazuela (se conservan durante 2 días);
* la *tartiflette* (se conserva durante 3 días);
* los bollos en una bolsa hermética (se conservan durante 4 días);
* las lentejas hervidas (se conservan durante 5 días);
* los 2 huevos duros (se conservan durante 5 días);
* la lechuga lavada (se conserva durante 1 semana);
* los bastoncitos de *crudités* (se conservan durante 1 semana);
* el perejil lavado (se conserva durante 1 semana);
* la vinagreta (se conserva durante 1 semana);.

Guarda en el congelador

* los filetes de res, si los compraste en la carnicería o si caducan dentro de menos de 5 días;
* la salsa de roquefort;
* las albóndigas de pescadilla acompañadas con las verduras de invierno.

Resultado
Menú #2

Menú #2

Lunes

Lentejas con cerdo salado

Tiempo de recalentamiento:
15 minutos

Ingredientes: las lentejas con cerdo salado y 4 ramitas de perejil
Calienta las lentejas con cerdo salado durante 15 minutos. Antes de servir, espolvoréalas con perejil picado.

Tiempo de recalentamiento:
10 minutos
Tiempo de preparación:
2 minutos

Martes

Tartiflette y *crudités*

Ingredientes: la *tartiflette,* la mitad de la lechuga lavada, los bastoncitos de *crudités* y la mitad de la vinagreta
Precalienta el horno a 180 °C (t. 6). Calienta la *tartiflette* durante 10 minutos.
En una ensaladera, sirve la lechuga con los bastoncitos de *crudités* y la mitad de la vinagreta.
Para el miércoles, saca del congelador las albóndigas de pescadilla y déjalas en el refrigerador para que vayan descongelándose.

Miércoles

**Entrada
Bollos rellenos**

**Plato principal
Albóndigas de pescadilla con verduras de invierno**

Tiempo de recalentamiento:
15 minutos
Tiempo de cocción:
10 minutos
Tiempo de preparación:
10 minutos

Ingredientes: los bollos vaciados, 4 huevos, 100 ml de crema líquida, ⅓ del paquete de queso *comté* rallado, 4 ramitas de perejil, 4 hojas de lechuga, la vinagreta, sal y pimienta; 250 g de arroz, las albóndigas de pescadilla descongeladas y 100 ml de crema líquida
Precalienta el horno a 200 °C (t. 6). Casca un huevo dentro de cada bollo, vierte 1 cucharadita de crema líquida, recúbrelo con queso comté y espolvoréalo con sal, pimienta y un poco de perejil. Dispón los bollos rellenos en una charola para el horno y hornéalo durante 10 minutos. Sírvelo con un poco de lechuga y de vinagreta (pero guarda un poco para el viernes).
Hierve el arroz. Calienta las albóndigas de pescadilla en la misma cazuela durante 10 minutos. Añade 100 ml de crema líquida y cuécelo durante 5 minutos más. Sírvelo con el arroz.
Para el jueves, saca del congelador la salsa de roquefort y los filetes de res, si los congelaste, y déjalos en el refrigerador para que vayan descongelándose.

servir?

Tiempo de recalentamiento:
10 minutos
Tiempo de cocción:
8 minutos
Tiempo de preparación:
10 minutos

Ingredientes: las lentejas hervidas, los 2 huevos duros, 3 cucharadas soperas de aceite de girasol, 2 cucharaditas de mostaza, 1 cucharada sopera de vinagre de vino, 4 pepinillos, 1 cucharada sopera de alcaparras y la mitad del perejil restante; los 4 filetes de res, la salsa de roquefort descongelada, sal y pimienta

Calienta un poco las lentejas en el microondas. Pica los pepinillos y el perejil. Pela los huevos duros, córtalos por la mitad y quita la yema. Corta la clara en daditos. En un tazón, aplasta las yemas y luego añade la mostaza, sal y pimienta, y mézclalo bien. Poco a poco, incorpora el aceite. Añade el vinagre, las alcaparras, los dados de clara de huevo, los pepinillos y el perejil picados. Sirve las lentejas tibias mezcladas con esta salsa de *gribiche.*

En una olla pequeña, calienta la salsa de roquefort a fuego lento durante 10 minutos. En un sartén, cuece los filetes de res durante unos 4 minutos por cada lado, al gusto. Salpiméntalos y sírvelos con la salsa.

Jueves

Entrada
Ensalada tibia de lentejas con salsa *gribiche*

Plato principal
Filete de res con salsa de roquefort

Viernes

Croque-monsieur

Tiempo de cocción:
10 minutos
Tiempo de preparación:
10 minutos

Ingredientes: 8 rebanadas de pan de caja, 4 rebanadas de jamón, 200 ml de crema líquida, los restos de queso *comté* rallado, la lechuga restante, la vinagreta restante, el perejil restante, el betabel hervido, sal y pimienta

Precalienta el horno a 200 °C (t. 6-7). En un tazón, mezcla la crema líquida con la mitad del queso *comté* rallado restante, ½ cucharadita de sal y un poco de pimienta. Toma 1 rebanada de pan de molde, pon encima 1 rebanada de jamón doblada, espolvoréalo con 1 puñado de queso *comté* rallado y recúbrelo con 1 rebanada de pan de caja. Vierte por encima 1 cucharada sopera de la mezcla de crema líquida con *comté* rallado y ponlo en una charola para el horno cubierta con papel vegetal. Repite la operación con los otros 3 *croque-monsieur.* Hornéalo durante 10 minutos.

Corta el betabel en rodajas, sírvelo sobre la lechuga aderezada con la vinagreta, y espolvoréalo con el perejil picado.

Estas indicaciones son las ideales si preparaste el menú para comer en casa. Pero si cocinaste para comer al día siguiente en el trabajo, en general bastará con que ultimes la preparación la noche antes y calientes la comida en el microondas de la oficina.

Menú #1 de primavera

Lunes

Entrada: Hinojo marinado con aceite de oliva y limón
Plato principal: San jacobos caseros*

Martes

Filete de res marinado con puré de zanahorias

Miércoles

Conchiglioni rellenos de *ricotta* y espinacas

Jueves

Ensalada *niçoise*

Viernes

Entrada: Tostadas con queso de cabra caliente
Plato principal: Pad thai de camarones

Menú #2 de primavera

Lunes

Chuleta de ternera asada con verduras de primavera

Martes

Entrada: Coliflor con una vinagreta de alcaparras
Plato principal: Pastel de queso salado

Miércoles

Entrada: Rillettes de pescado azul ahumado
Plato principal: Pollo *alla puttanesca* con arroz

Jueves

Bulgur especiado con coliflor, brócoli y chícharos

Viernes

Tagliatelle con pescado azul ahumado y verduras

* Para que el menú no contenga cerdo, sustituye el jamón por pechuga de pavo.

Menú #1 de verano

Lunes

Brochetas de pollo marinado con *bulgur* y verduras asadas

Martes

Cuscús de salchichas picantes

Miércoles

Entrada: Caviar de berenjenas
Plato principal: Tortilla al horno

Jueves

Bruschetta de verano

Viernes

Entrada: Pimientos marinados con ajo y aceite de oliva
Plato principal: Espaguetis a la tunecina

Menú #2 de verano

Lunes

Entrada: Sopa fría de calabacita
Plato principal: Quiche de atún y tomate

Martes

Arroz salteado con camarones y piña

Miércoles

Entrada: Tzatziki
Plato principal: Bizcocho salado de calabacita y jamón*

Jueves

Hamburguesas de garbanzos

Viernes

Ensalada de *farfalle* con salmón ahumado

* Para que el menú no contenga cerdo, sustituye el jamón

Menús de otoño

Menú #1 de otoño

Lunes

Entrada: Cestitas de endivias con *rillettes* de atún
Plato principal: Tarta *tatin* de nabos con miel y queso de cabra

Martes

Tajín de cordero con membrillo

Miércoles

Entrada: Crema de espinacas con queso fresco
Plato principal: Gratinado de papas, poros, cebollas y taquitos de tocino*

Jueves

Kefta de cordero con zanahorias, nabos y garbanzos al comino

Viernes

Lasaña de salmón y espinacas

*Para que el menú no contenga cerdo, sustituye los taquitos de tocino por tofu ahumado.

Menú #2 de otoño

Lunes

Entrada: Cestitas de hojaldre con tomates *cherry,* parmesano, semillas de calabaza y tomillo
Plato principal: Chili vegetariano

Martes

Cuscús de pollo con calabaza

Miércoles

Macarrones gratinados con jamón* y brócoli

Jueves

Crumble salado de pollo y verduras

Viernes

Entrada: Crema de calabaza y curri
Plato principal: Merluza con salsa de echalotes y papas al vapor

*Para que el menú no contenga cerdo, sustituye el jamón por pechuga de pavo.

Menús de invierno

Menú #1 de invierno

Lunes

Entrada: Crema de apio nabo y chirivía con callo de hacha
Plato principal: Quiche sin masa de queso de cabra y brócoli

Martes

Magret de pato con naranja y gratinado delfinés

Miércoles

Entrada: Ensalada de garbanzos con naranja
Plato principal: Quinoa con calabaza *potimarron* asada, queso de cabra y avellanas

Jueves

Wok de fideos chinos con pato y verduras

Viernes

Espaguetis con callo de hacha

Menú #2 de invierno

Lunes

Lentejas con cerdo salado

Martes

Tartiflette y *crudités*

Miércoles

Entrada: Bollos rellenos
Plato principal: Albóndigas de pescadilla con verduras de invierno

Jueves

Entrada: Ensalada tibia de lentejas con salsa *gribiche*
Plato principal: Filete de res con salsa de roquefort

Viernes

Croque-monsieur

Agradecimientos

Gracias a Marin Postel, mi editor, por su amabilidad, su disponibilidad y su profesionalidad.
Gracias a Céline Le Lamer, la directora editorial, por su confianza y su inteligencia.
Gracias a Charly Deslandes, el fotógrafo, por sus fotos perfectas, su buen humor y su increíble eficacia.
Gracias a la marca Le Creuset por sus cazuelas y sus ollas de una calidad excepcional,
que recomiendo a todo el mundo. Desde luego, la inversión merece la pena. Gracias también a la marca
Greenpan por sus utensilios de cocción de cerámica, que he utilizado en el libro: la sartén, el *wok*...
Si los pruebas, ¡acabarás adoptándolos!
Gracias a los tenderos de mi barrio y de mi mercado por sus productos frescos: el puesto de frutas
y verduras de Ben Saïd, la pescadería Forestier, la carnicería Stéphane, la charcutería Le Bon,
Miele Primeur (Sandra), Roufia y el equipo de mi tienda La Vie Claire.
Gracias a mi familia por su apoyo: mamá (alias Mamie Mumu), Benoit, Alexandre, Fred y Eliott.
Y gracias a todos los amigos que han probado los menús y las recetas del libro: Caroline,
Sakho, J.B., Delphine, Florence y Audrey.

Caroline Pessin

Título original: *En 2h je cuisine pour toute la semaine*

Texto: Caroline Pessin
Fotografías: Charly Deslandes

© 2018, Hachette-Livre (Hachette Pratique)
© 2019, Traducción: Palmira Feixas

Todas las fotografías de esta obra han sido realizadas por Charly Deslandes
Dirección: Catherine Saunier-Talec
Responsable editorial: Céline Le Lamer
Responsable artístico: Nicolas Beaujouan
Responsable del proyecto: Marin Postel

Derechos reservados

© 2023, Editorial Planeta Mexicana, S.A. de C.V.
Bajo el sello editorial PLANETA M.R.
Avenida Presidente Masarik núm. 111,
Piso 2, Polanco V Sección, Miguel Hidalgo
C.P. 11560, Ciudad de México
www.planetadelibros.com.mx

Primera edición en formato epub: marzo de 2023
ISBN: 978-607-07-9760-6

Primera edición impresa en México: marzo de 2023
ISBN: 978-607-07-9664-7

Impreso en los talleres de Impresora Tauro, S.A. de C.V.
Av. Año de Juárez 343, Colonia Granjas San Antonio, Iztapalapa
C.P. 09070, Ciudad de México.
Impreso y hecho en México – *Printed and made in Mexico*